HIGHLIGHTS AUSTRALIEN

DIE 50 ZIELE, DIE SIE GESEHEN HABEN SOLLTEN

HIGHLIGHTS
AUSTRALIEN
Holger Leue
Jochen Müssig
BRUCKMANN

Den Ayers Rock im Zentrum Australiens kennt jeder. Der Koala ist ebenfalls zu einem Symbol für Down Under geworden, wo jedoch auch die eine oder andere Gefahr lauern kann.

Inhaltsverzeichnis

Der Fünfte Kontinent zeigt sich vielerorts auch grün, etwa mit den Zuckerrohrfeldern in Queensland. Die Didgeridoo-Musik ist eigenwillig und so mancher Cocktail legendär.

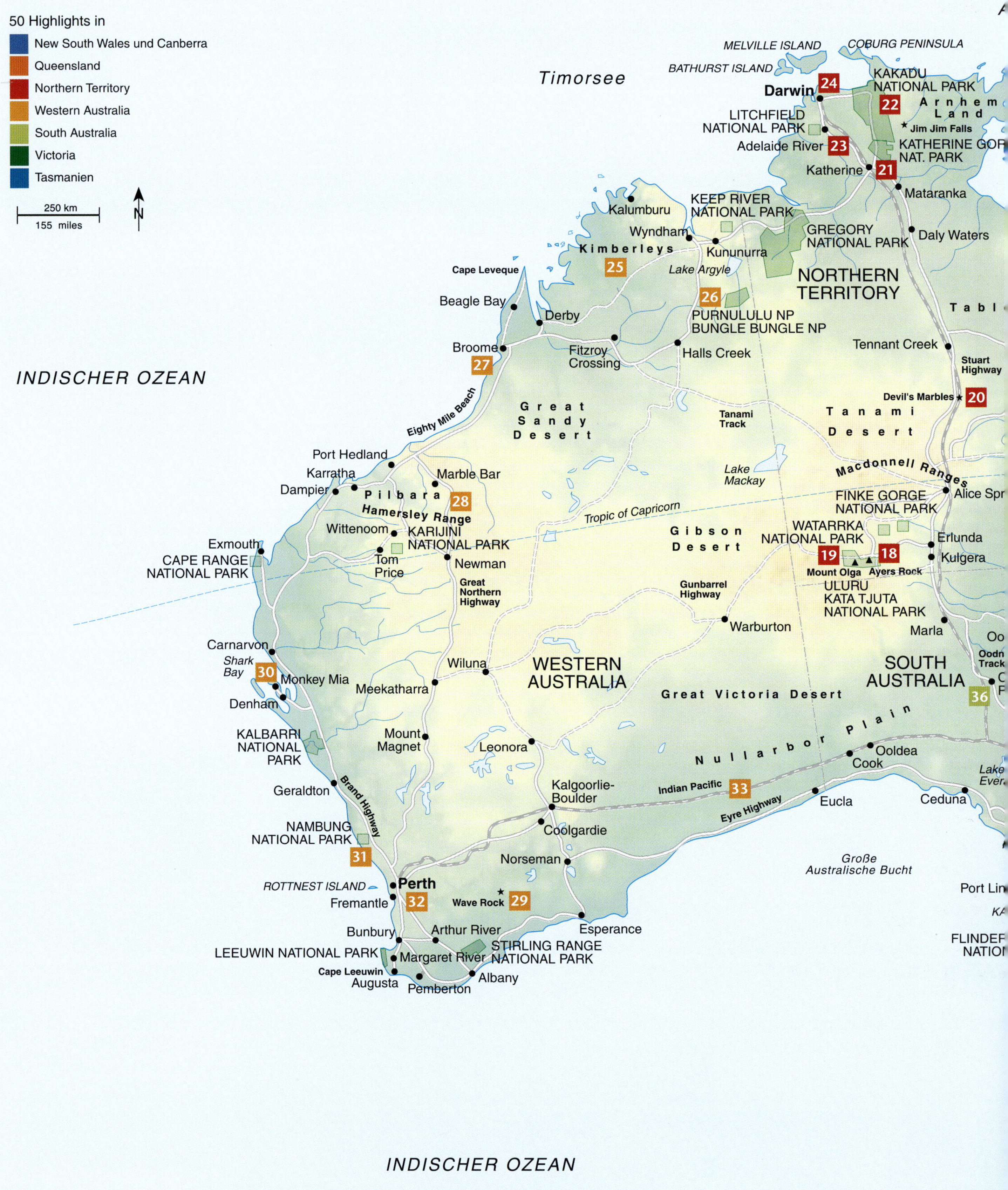

50 Highlights in
New South Wales und Canberra
Queensland
Northern Territory
Western Australia
South Australia
Victoria
Tasmanien
250 km
155 miles
N
Timorsee
INDISCHER OZEAN
MELVILLE ISLAND
BATHURST ISLAND
COBURG PENINSULA
Darwin
24
KAKADU NATIONAL PARK
22
Arnhem Land
Jim Jim Falls
LITCHFIELD NATIONAL PARK
Adelaide River
23
KATHERINE GOR
NAT. PARK
Katherine
21
Mataranka
Kalumburu
KEEP RIVER NATIONAL PARK
Wyndham
GREGORY NATIONAL PARK
Daly Waters
Kimberleys
25
Kununurra
Lake Argyle
NORTHERN TERRITORY
Cape Leveque
Beagle Bay
26
PURNULULU NP
BUNGLE BUNGLE NP
Derby
Broome
27
Fitzroy Crossing
Halls Creek
Tennant Creek
Stuart Highway
Tabl
Eighty Mile Beach
Great Sandy Desert
Tanami Track
Devil's Marbles
20
Tanami Desert
Port Hedland
Karratha
Dampier
Marble Bar
Pilbara
28
Hamersley Range
Lake Mackay
Macdonnell Ranges
Alice Spr
FINKE GORGE NATIONAL PARK
Tropic of Capricorn
Wittenoom
KARIJINI NATIONAL PARK
Gibson Desert
WATARRKA NATIONAL PARK
Erlunda
Exmouth
CAPE RANGE NATIONAL PARK
Tom Price
Newman
19
18
Mount Olga
Ayers Rock
Kulgera
Great Northern Highway
Gunbarrel Highway
ULURU KATA TJUTA NATIONAL PARK
Warburton
Marla
Oo
Oodn Track
Carnarvon
Shark Bay
30
Monkey Mia
Denham
Wiluna
Meekatharra
WESTERN AUSTRALIA
Great Victoria Desert
SOUTH AUSTRALIA
36
KALBARRI NATIONAL PARK
Mount Magnet
Leonora
Nullarbor Plain
Ooldea
Cook
Geraldton
Brand Highway
Kalgoorlie-Boulder
Indian Pacific
33
Eyre Highway
Eucla
Ceduna
Lake Ever
NAMBUNG NATIONAL PARK
31
Coolgardie
Norseman
Große Australische Bucht
ROTTNEST ISLAND
Perth
32
Fremantle
Wave Rock
29
Port Lin
Bunbury
Arthur River
Esperance
LEEUWIN NATIONAL PARK
Margaret River
STIRLING RANGE NATIONAL PARK
FLINDER NATIO
Cape Leeuwin
Augusta
Pemberton
Albany
INDISCHER OZEAN

Torres Strait
THURSDAY ISLAND
Cape York
Weipa
CAPE YORK PENINSULA
LIZARD ISLAND
Golf von Carpentaria
Korallensee
Great Barrier Reef
Cooktown
15
Cape Tribulation
16
DAINTREE NATIONAL PARK
Mossman
Port Douglas
GREEN ISLAND
FITZROY ISLAND
12
Karumba
Normanton
Cairns
14
HINCHINBROOK ISLAND
DUNK ISLAND
BEDARRA ISLAND
MAGNETIC ISLAND
Burketown
Great Dividing Range
Townsville
13
Bowen
WHITSUNDAY ISLANDS
Cloncurry
Mount Isa
17
Mackay
BRAMPTON ISLAND
QUEENSLAND
EUNGELLA NATIONAL PARK
Winton
Boulia
GREAT KEPPEL ISLAND
Barcaldine
Longreach
Rockhampton
HERON ISLAND
Gladstone
Bundaberg
CARNARVON NATIONAL PARK
Maryborough
FRASER ISLAND
11
Birdsville
Birdsville Track
Matilda Highway
Charleville
Sunshine Coast
9
MOOLOOLABA RIVER NATIONAL PARK
Brisbane
Cooper Creek
Innamincka
Cunnamulla
Surfers Paradise
LAMINGTON NATIONAL PARK
Gold Coast
Lake Eyre
10
Lismore
Marree
Byron Bay
7
Lake Torrens
Bourke
NEW SOUTH WALES
Coffs Harbour
Port Augusta
FLINDERS RANGES NATIONAL PARK
Tamworth
Broken Hill
Dubbo
5
Port Macquarie
Pacific Highway
Wellington
Hunter Valley
LORD HOWE ISLAND
50
Darling
BLUE MTS. NATIONAL PARK
Newcastle
Mildura
Cowra
Sydney
1
2
3
34
35
Blue Mts.
4
Barossa Valley
Wagga Wagga
6
Adelaide
Murray Bridge
Murray
MURRAMARANG NATIONAL PARK
37
Victor Harbor
8
Canberra (ACT)
38
Mount Kosciusko
Cooma
Bendigo
PAZIFISCHER OZEAN
Horsham
VICTORIA
Snowy Mts.
Halls Gap
CAMPIANS NATIONAL PARK
Great Ocean Road
39
Ararat
Melbourne
Mount Gambier
41
42
Lakes Entrance
Warrnambool
Geelong
PORT CAMPBELL NATIONAL PARK (Twelve Apostles)
40
43
WILSONS PROMONTORY NATIONAL PARK
KING ISLAND
Bass Strait
FLINDERS ISLAND
Tasmansee
CRADLE MOUNTAIN LAKE ST. CLAIR NATIONAL PARK
49
Bay of Fires
47
Launceston
48
Strahan
FREYCINET PENINSULA
44
MARIA ISLAND
46
TASMANIEN
Hobart
45
Port Arthur

Roter Sand, hüpfende Kängurus und Superlative, was die Länge der Lastwägen oder die Vielfalt der australischen Nationalparks wie im Karijini betrifft (rechte Seite): Australien fasziniert.

Wild, riesig, schön und so weit weg

Australien ist eines der großen Traumländer dieser Erde

Wüstenorte mit drei Einwohnern und die Weltstadt Sydney besuchen. Heute im Pazifik surfen und morgen im Gebirge Ski fahren. Kängurus hüpfen und Koalas schlafen sehen. 40 000 Jahre alte Kulturen bestaunen und die moderne Popszene erleben. Leute mit Wurzeln aus aller Herren Länder treffen und den Geschichten der Aborigines lauschen. Australien ist so faszinierend, weil es ein Kontinent der großen Gegensätze ist.

In Darwin herrscht jahraus, jahrein eine schwül-feuchte Hitze. Während die Tasmanier sehr wohl wissen, wie eine Zentralheizung funktioniert. Australien ist ein Land mit enormer Ausdehnung: Es reicht von den Tropen bis in die Antarktis. Und dazwischen zeigt es Superlative der Natur. 17-mal hat die UNESCO das Prädikat »Weltnatur- oder Weltkulturerbe der Menschheit« auf dem Fünften Kontinent vergeben. Nur elf Nationen wurden häufiger mit diesen ehrenwerten, aber auch verpflichtenden Auszeichnungen bedacht. Diese 17 australischen UNESCO-Stätten spiegeln einen Querschnitt der außergewöhnlichen Üppigkeit und Vielfalt des Landes wider. Dabei reicht die von der UNESCO unter Schutz gestellte Palette vom tropischen Kakadu National Park und den wie Bienenwaben aussehenden Bungle-Bungle-Bergkuppen im Norden bis in den Süden der tasmanischen Wildnis. Drei von der UNESCO gewürdigte Inseln reichen sogar noch weiter, bis in die Antarktis: Macquaire Island, 1500 Kilometer südlich von Tasmanien, sowie Heard und McDonald Island sind Australiens entfernteste Außenposten im antarktischen Süden des Indischen Ozeans. Die Welterbe-Plätze umfassen aber auch Südsee-Gefilde mit der Lord-Howe-Island-Gruppe, wo Zipfelmützenberge in den Himmel ragen und türkisfarbenes Wasser die Küstenlinien 700 Kilometer vor Sydney umspült. Die Aushängeschilder sind das weltberühmte Great Barrier Reef und die größte Sandinsel der Welt, Fraser Island vor der Küste von Queensland, der nicht minder bekannte Ayers Rock inmitten des Uluru-Kata-Tjuta-Nationalparks im Zentrum und Sydneys Opernhaus. Die Furcht einflößende, aber harmlose Shark Bay im äußersten Westen gehört ebenso zur erlauchten Auswahl wie die Regenwälder der Central Eastern Rainforest Reserves und die Wet Tropics von Queensland sowie als Kontrast die

Auch die australische Zivilisation hat ihre Sonnenseiten: die Double Bay in Sydney, Weinreben im Hunter Valley, Surfboards in Byron Bay oder urige Kneipen in Hobart, Tasmanien.

Blue Mountains mit ihrem namensgebenden blauen Dunst der Eukalyptusbäume. Nicht ganz so bekannt, aber deshalb nicht weniger interessant komplettieren die eiszeitlichen Fossil Mammal Sites bei Riversleigh im westlichsten Teil von Queensland und die Willandra Lakes Region im Süden das australische Erbe für die Menschheit.

Die Ausmaße des Südkontinents sind beeindruckend: Mit knapp 7,7 Millionen Quadratkilometern ist er rund 22-mal größer als Deutschland. Die maximale Ausdehnung von Ost nach West erreicht 4500 Kilometer – das entspricht in etwa der Luftlinie von Frankfurt nach Chicago. Und so ist es auch nicht verwunderlich, dass das längste Bauwerk der Welt in Down Under seinen Platz hat. Der Dog Fence zieht sich über 9600 Kilometer von Surfers Paradise in Queensland bis in die baumlose Nullarbor Plain an der Grenze von Süd- zu Westaustralien. Zum Vergleich: Die Chinesische Mauer bringt es gerade mal auf ein Viertel der Länge. Allerdings sollte sie auch dem Sturm der kriegerischen Feinde standhalten, während der Hundezaun lediglich die Schafe im Süden vor den Dingos des Nordens schützt – und das bis heute weitgehend erfolgreich.

Die größte Insel der Welt ist zugleich ihr kleinster Kontinent. Das sechstgrößte Land der Erde ist die Heimat von knapp 20 Millionen Aussies – und temporär auch für rund fünf Millionen Touristen pro Jahr. Standen in den 1990er Jahren neue Resorts, trendige Spas und ein breites Angebot an Urlaubsaktivitäten im Mittelpunkt, ist spätestens nach dem 11. September 2001 das Thema Sicherheit nach vorne gerückt. Und da liegt Australien in der Spitzengruppe der sicheren Urlaubsländer. Terrorismus spielt kaum eine Rolle in Down Under. Außenpolitisch machen die Regierenden aus der Hauptstadt Canberra allenfalls auf sich aufmerksam, wenn es darum geht, die rigide Einwanderungspolitik zu untermauern. Denn die ehemalige Einwanderergesellschaft will mittlerweile unter sich bleiben. Zu 95 Prozent sind die Australier europäischer Herkunft, aber ihre Wurzeln sind nicht mehr so stark wie früher verankert.

Australien hat sein politisches, wirtschaftliches und soziales Umfeld im 21. Jahrhundert eindeutig im asiatisch-pazifischen Raum gefunden. Das zeigt auch die Haltung der Menschen zum Leben und die Art, mit den Dingen umzugehen. Workaholics sind selten, Besserwisser kaum zu finden, Freundlichkeit ist Trumpf. Man redet über den Surf und nicht über Statistiken. Der Job ist zum Geldverdienen da, aber er macht das Leben nicht trist. Die Lockerheit ist das Bewundernswerte an Australiens Einwohnern. Sie genießen die Freiheit, in einem Land zu leben, das auf der Sunny Side of Life steht – egal, ob sie nun von sturen Deutschen, trinkfesten Iren oder fröhlichen Italienern abstammen.

Schattenspiele im Telstra Tower von Canberra, Wetterbericht am Strand von Broome, traditionelles Vegemite-Toast und lockere Atmosphäre in Cairns: Down Under ist cool.

Sydney ist ohne jeden Zweifel das Herz des Landes – trotz Canberra, der Reißbrett-Hauptstadt, trotz Melbourne, der Nummer zwei, die sich anschickt aufzuholen. Das Outback mit dem Ayers Rock gilt als das geografische und Queensland mit dem Great Barrier Reef als das touristische Zentrum. Dieses Dreieck steckt fast für jeden Erstbesucher die Stationen einer Australien-Reise ab. Sydney, so schön die Stadt auch ist, ist nicht Australien. Auch das Outback und die Aborigines, der Sonnenstaat Queensland und seine Surf-Gemeinde sind nur ein Teil davon. Aber wer das magische Dreieck Sydney – Ayers Rock – Great Barrier Reef kennenlernt, bekommt schon einen recht guten Eindruck von der Vielfalt Australiens mit seinen drei Zeitzonen und einer Küstenlänge, die ungefähr dem Erdumfang gleichkommt.

Halb soviel davon segelte die »Endeavour«, ehe sie vor Australien vor Anker ging: Es war ein schöner Freitagmorgen, der 8. Juni 1770, als Kapitän James Cook erstmals landete. Er entdeckte Australien zwar nicht, aber er erforschte es wie kein anderer. Terra Incognita – irgendwo auf der Südhalbkugel, wo Australien seit dem 2. Jahrhundert vermutet wurde, betrat als erster Weißer 1606 Willem Jansz. Er gab ihr den Namen Neu-Holland. Da aber die ersten Anlandungen im Norden und später auch im Westen erfolgten, ging man zunächst vom ärmsten Land der Erde aus, das außer Sand und Fliegen sowie Dschungel und Krokodilen nichts zu bieten hatte. Erst James Cook änderte das Bild und berichtete über die Vielfalt der Ostküste, wo dieser Band zu den 50 Highlights von Australien auch beginnt.

Wie das Leuchtschiff »Carpenteria« vor Sydney leuchtet, leuchtet die Millionenstadt für Australien. Doch es gibt auch Romantik im Hunter Valley, Kängurus auf dem Campingplatz und Strandleben am Avalon Beach.

New South Wales
und Canberra

Tag und Nacht ein Highlight: Sydneys Facetten reichen vom Queen Victoria Building über die lebhafte George Street bis zu lockeren Straßenmusikanten, hier vor der »MS Europa« (rechte Seite).

1 Sydney – Stadt mit Sonnengarantie

Eine der schönsten Metropolen der Welt

Im Herzen von Australien pulsiert das Leben, es repräsentiert das Land und dort werden Trends gesetzt. Die Heimatstadt von vier Millionen Sydneysidern ist Australiens Antwort auf San Francisco, Rio de Janeiro oder Hongkong, allesamt kosmopolitische Hafenstädte in Premiumlage, die zu den bezauberndsten der Welt gehören. Und Attraktionen bietet Sydney mehr als alle anderen australischen Städte zusammen.

Eine beeindruckende Skyline, ein riesiges, von der Natur mit Hunderten von Buchten geformtes Hafenbecken, in dem sich nicht nur Jollen, Jachten und Kreuzfahrtschiffe tummeln, sondern auch rund 750 Fischarten. Überspannt (seit 1932) von der berühmten Hafenbrücke aus 52 000 Tonnen Stahl, geschmückt vom noch berühmteren Opernhaus mit seinen markanten neun Hauben und überragt vom 305 Meter hohen Fernsehturm. In nur 40 Sekunden katapultiert einen der Lift ins sogenannte Aussichtskörbchen des höchsten Gebäudes auf dem Fünften Kontinent. Von oben sieht man, wie klein das Zentrum der Metropole eigentlich ist, und schaut bis zum Horizont auf die ewige Weite des Pazifischen Ozeans und in entgegengesetzter Richtung auf ein Meer von Vorstädten. Sydney hat zwar keine quadratische Form, in seiner maximalen Ausdehnung aber eine Breite und Länge von jeweils etwa 75 Kilometern – und wird nicht umsonst auch Town of Suburbs genannt: Eine Armada von Rasenmähern lärmt in kleinen Vorgärten, Autos werden vor der Garage auf Hochglanz poliert, und der unwiderstehliche Geruch von Holzkohle deutet auf den intensiven Gebrauch der Barbecue-Grills hin. Hier ist Sydney brav, bürgerlich, vielleicht sogar ein wenig bieder.

Ganz anders das Zentrum: Dort leben und arbeiten Leute, die ihren Job selten mehrere Jahre am Stück ausüben, die schon mal kündigen, wenn eine längere Reise ansteht. Und wer kein Handy bei sich hat, wird sich fragen lassen müssen, ob er denn zu Hause wenigstens fließend Wasser habe. In der City stellt die Moderne alles in den Schatten, auch die Historie. Zu Füßen des Fernsehturms treffen Glaspaläste auf viktorianische Bauten, die sich zu ducken scheinen, während die Backstein-Lagerhäuser vom Gründerzeit-Stadtteil The Rocks selbstbewusst wie Darling Harbour wirken, dem futuristisch gestalteten Viertel mit der Hochbahn Monorail.

Auch architektonisch kann Sydney überzeugen, ob mit der Art Gallery of New South Wales, dem Elisabeth Bay House, dem Rathaus oder dem Aborigine Cultural Centre (rechte Seite).

Auch die Manager der nationalen und internationalen Wirtschaft, Banken und Versicherungen thronen in Sydneys Höhen, in kühnen Wolkenkratzern, die Arbeitsplätze für Tausende bieten. Es scheint, als kämpfen selbst die Hochhäuser um die besten Plätze an der Sonne – oder um einen Blick auf den Circular Quay, dem kleinsten, aber wichtigsten Teil des Hafenbeckens. Hier machen am Kreuzfahrtterminal die Passagierschiffe der Welt Halt, hier legen die meisten Fähren an. Und hier sollte man auf jeden Fall eine Hafenrundfahrt buchen – oder doch wenigstens eine kurze Fährpassage nach Manly, bei der man wunderbare Blicke auf Stadt und Sehenswürdigkeiten genießen kann.
Selbstverständlich schlägt auch das kulturelle Herz Australiens in Sydney: ob im Opera House, in den Künstlervierteln Glebe oder Woolloomooloo, in den Clubs von Kings Cross oder in der gediegenen Art Gallery of New South Wales. Der Kunsttempel wurde schon Ende des 19. Jahrhunderts errichtet und bietet seinen Besuchern eine selten anzutreffende Symbiose. Der von acht mächtigen Säulen getragene, klassizistische Bau beherbergt neben weißer Malerei auch eine Aboriginal-Kunstsammlung.
Von einem weißen Mann wurde das heutige Sydney erstmals am 26. Januar 1788 betreten, als Kapitän Arthur Phillip mit einer Flotte von elf Schiffen und rund 1300 britischen Gefangenen im damaligen Port Jackson landete. Es war die »First Fleet«, der viele weitere Schiffe folgen sollten. Was viele nicht wissen: Die Segler nach Phillip hatten zunächst ausschließlich Strafgefangene an Bord. Und das moderne Australien basiert letztlich auf einer Sträflingskolonie. Erst 1868 fand der letzte Sträflingstransport nach Australien statt.
Kapitän James Cook hatte 1770 die Ostküste für die britische Krone in Besitz genommen. Und da England im nordamerikanischen Unabhängigkeitskrieg seine dortigen Kolonien verlor, bot sich der neue Kontinent an, um dorthin Verbrecher aus den überfüllten Gefängnissen in England abzuschieben. Sträflinge in Ketten oder der harte Strafvollzug waren die Regel. Ein Mann wurde schon an einen Pfahl gefesselt und mit zwölf Peitschenhieben abgestraft, wenn er zum Beispiel den Gouverneur einen Lump genannt hatte …
Nach Verbüßung ihrer Strafe konnten die Freigelassenen jedoch als Handwerker oder Bauern neue Existenzen aufbauen. Aber auch das war nicht einfach. In der Hitze Australiens das Land zu bestellen, war schweißtreibende Arbeit. Aber trotzdem: Die ehemaligen Strafgefangenen gründeten Siedlungen – darunter auch als erste Siedlung Sydney Cove – die Keimzelle der jetzigen Traumstadt Sydney.
Heute ähnelt Australiens Vorzeigestadt einem Fotomodell: ein wenig exotisch, ein bisschen romantisch, sehr charmant und unglaublich schön. Nicht umsonst erobert die Stadt bei Umfragen zu den schönsten, lebenswertesten und sichersten Metropolen der Welt regelmäßig Spitzenplätze. Das liegt sicherlich auch ein wenig an der Umgebung, den Ausflugszielen wie den Blue Mountains, den zahlreichen Stränden, der Weinregion Hunter Valley mit rund 80 Weingütern, die zu den Besten des Kontinents zäh-

len, und einigen Nationalparks. Dazu gehört Australiens ältester, der Royal National Park, rund 35 Kilometer südlich der Stadtgrenze von Sydney gelegen. Bereits 1879 wurde das Sandsteinplateau als schützenswertes Areal ausgewiesen und erhielt 1955 anlässlich eines Besuchs von Königin Elisabeth II. seinen jetzigen Namen.

Egal aus welchem Blickwinkel man das Stadt-Modell betrachtet, Sydney scheint nur Schokoladenseiten zu besitzen. Erstaunlicherweise hat die »Schöne« doch in einem Punkt auch mit einem schlechten Ruf zu leben: dem Image, die Sydneysider seien die unfreundlichen New Yorker Australiens. Um das zu beurteilen, muss man die Leute verstehen können. Aber da wird es selbst für Muttersprachler schwierig. Ein Trost, dass auch ein Engländer große Augen macht und der echte New Yorker gleich abwinkt, während der Deutsche nur an seinen Englisch-Kenntnissen zweifelt: Die Einreisebeamtin bringt die Zähne nicht auseinander. Der Taxifahrer verschluckt gekonnt sämtliche, doch scheinbar notwendige Silben, und der Obsthändler weigert sich standhaft, die Wortendungen der Preise auszusprechen. An Aussie-English muss man sich erst gewöhnen. Das gilt fürs ganze Land, aber es fällt beim größten Eingangstor Australiens am meisten auf – vor allem nach einem 20-Stunden-Flug und einem Zeitunterschied von neun Stunden.

AUF DEM KLEIDERBÜGEL

»Wenn du morgens um sechs über die Harbour Bridge schlenderst, siehst du die ganze Stadt im warmen Morgenlicht«, sagt Ron. Er arbeitete auf der Harbour Bridge – zusammen mit »Crocodile Dundee«-Darsteller Paul Hogan: »Auf dem Kleiderbügel« – wie die Sydneysider sagen – »hatten Paul und ich jede Menge Spaß. Wir waren Anstreicher in luftiger Höhe, bevor Paul zum Höhenflug als Schauspieler ansetzte.«

Auch Touristen dürfen beim Bridge Climb auf den Bügel: Schwindelfreie Besucher kommen beim Brückenaufstieg bis zum höchsten Bogen. Alles liegt einem zu Füßen: Opernhaus, Meer, selbst die Skyline. Es ist zum Luftanhalten …

Bridge Climb Sydney
Tel. +61 (0)2 8274 7777,
www.bridgeclimb.com

WEITERE INFORMATIONEN ZU SYDNEY

Tourism New South Wales
c/o News Plus, München:
Tel. (089) 2366 2139,
Fax (089) 2366 2199.
www.sydney.com,
www.sydneyaustralia.com

Sydney, eine der schönsten Städte der Welt: hier das Hafenbecken mit der Harbour Bridge und dem Opernhaus.

Das Opera House gehört zu den bekanntesten und größten Opernhäusern weltweit. Es fasziniert beim Mondaufgang wie beim Open-Air-Konzert oder mit Feuerwerk (rechte Seite).

2 Sydneys Opernhaus

Eines der markantesten Bauwerke der Erde

Wenn man nicht Opernfan ist und im Zuschauerraum den Bühnenstars lauscht, ist das Opernhaus am schönsten, wenn man es vom Wasser aus bestaunen kann, etwa bei einer Fährfahrt vom Circular Quay nach Manly. Dann beeindruckt die exzentrisch gebaute Operndiva am meisten. Sydneysider sprechen deshalb ganz unbescheiden von ihr als dem achten Weltwunder. Königin Elisabeth II. übergab das Haus 1973 seiner Bestimmung.

Erst war der Jubel groß: Das Opernhaus von Sydney wurde im Juni 2007 neu in die Liste der UNESCO-Weltkulturerbestätten aufgenommen. So entschied das Welterbe-Komitee auf seiner 31. Sitzung im neuseeländischen Christchurch. Doch dann kam im Juli die Enttäuschung: 100 Millionen Menschen hatten weltweit gewählt. Es ging um die neuen sieben Weltwunder der Erde. Doch diesmal blieb der grandiosen Oper der Erfolg verwehrt: Sie konnte sich nicht in den Top 7 platzieren.
Die Oper ist Sydneys bekanntestes und am meisten fotografiertes Bauwerk, zugleich ein Symbol für ganz Australien und eines der markantesten Gebäude des 20. Jahrhunderts weltweit. Zwischen dem Grün der Botanischen Gärten und dem Blau des Meeres fällt die außergewöhnliche, weiße Architektur am Bennelong Point, einer der City vorgelagerten Halbinsel im Hafen vis-à-vis der 1932 fertiggestellten Hafenbrücke, besonders ins Auge. Das Bauwerk geht auf den dänischen Architekten Jørn Utzon zurück, ist 183 Meter lang, 118 Meter breit und bedeckt eine Fläche von knapp zwei Hektar. Das unverwechselbare Dach ragt 67 Meter in die Höhe und ist mit mehr als einer Million Keramikfliesen verkleidet. Das Opernhaus hat insgesamt fünf Theater mit zusammen mehr als 5000 Plätzen: Die Concert Hall ist mit 2679 Sitzen das größte Haus, das Studio Theatre mit immerhin 364 Sitzen das kleinste. Auch ein Kino, vier Restaurants, Bars und jede Menge Souvenirshops gehören zum Komplex. Die meisten der mehr als 2000 Aufführungen pro Jahr sind ausgebucht. Mit 1,5 Millionen Besuchern gehört das multifunktionale Sydney Opera House zu den meistbesuchten Aufführungsstätten der Welt. Das Angebot reicht von klassischer Oper über Revue- und Kabarettveranstaltungen sowie Pop- und Rockkonzerten bis hin zu Zirkusauftritten.

Nach dem Zweiten Weltkrieg reifte langsam die Idee, ein Opernhaus für Sydney zu bauen. Zur Finanzierung wurde eine Lotterie ins Leben gerufen, die sehr erfolgreich verlief. Die internationale Ausschreibung, zu der mehr als 200 Vorschläge eingereicht wurden, gewann 1957 der bislang nur in Dänemark bekannte Architekt Jørn Utzon. Die Wahl seines Entwurfes sollte sich als Glücksgriff erweisen, nicht nur für Sydney, sondern auch für die Weltarchitektur.
1959 begannen die Bauarbeiten. Die gekrümmten Schalen des Daches waren jedoch architektonisches Neuland, sodass der ursprüngliche Entwurf immer wieder den Gegebenheiten angepasst werden musste. Das führte dazu, dass die ursprünglich anvisierten Kosten von sieben Millionen Australischen Dollar auf 100 Millionen anschwollen und die Fertigstellung acht Jahre länger dauerte. 1966 wurde Utzon von seiner Arbeit suspendiert, und eine Gruppe junger australischer Architekten brachte das Werk zu Ende. Königin Elisabeth II. eröffnete das Opera House schließlich 1973. Dänemark sieht das Gesamtkunstwerk heute übrigens als Bestandteil seines kulturellen Erbes an.
Tagtäglich erkunden Hunderte Besucher das Gebäude im Rahmen einer Führung. Bei der einstündigen Tour werden sowohl die Architektur als auch das Meisterwerk der Ingenieurskunst erklärt. Es werden aber auch Anekdoten und Geschichten erzählt. Etwa zu den zahlreichen Interpretationen zum Äußeren des Hauses: Es seien ineinandergesteckte Hauben oder erinnere an die Segel eines Schiffes, hieß es. Erst viel später gab Utzon zu, bei seinem Entwurf an die Segmente einer Orange gedacht zu haben.
Die zwei Stunden dauernde Backstage-Tour gibt auch Einblicke in die normalerweise für die Künstler reservierten Räumlichkeiten. Außerdem darf man auch mal in den Orchestergraben steigen und auf der großen Bühne stehen, die sonst nur von den Stars und Bediensteten betreten wird.

TRAUMBLICK ZUM FRÜHSTÜCK

Sydney bietet eine ganze Reihe hervorragender Hotels. Herauszuheben sei vor allem das im Service unübertroffene »The Observatory Hotel«. Wer aber schon beim Aufwachen das Sydney Opera House zum Greifen nahe haben möchte und auch beim Frühstück nicht auf diesen einmaligen Blick verzichten will, der wählt das ebenso luxuriöse »Park Hyatt«, direkt an der Wasserfront der Hickson Road im historischen Stadtviertel The Rocks. Die 45 Quadratmeter großen Zimmer sind lichtdurchflutet, und die bis zum Boden reichenden Balkonglastüren geben einen einmaligen Panoramaausblick frei.

»Park Hyatt« Sydney
Tel. +61 (0)2 9241 1234,
http://sydney.park.hyatt.com

WEITERE INFORMATIONEN ZUM SYDNEY OPERA HOUSE

Tourism New South Wales
c/o News Plus, München:
Tel. (089) 2366 2139,
Fax (089) 2366 2199.
www.sydneyoperahouse.com,
www.sydney.com

Unter den 30 Stränden von Sydney ragt einer heraus, auch wenn es nicht der schönste ist: Bondi Beach, bekannt für coole Cafés, nette Mädchen (oben), das Surfer Mosaic und seine Wellen (rechte Seite).

3 Sydneys Strände

Alles steht unter dem Motto: Life is a Beach ...

Abgesehen von Brasiliens Perle Rio de Janeiro ist wohl keine Millionenstadt der Welt mit so vielen Stränden gesegnet: rund 30 sind schnell vom Zentrum aus erreichbar. Es gibt kleine und große, einsame und überlaufene, mit oder ohne Wellen, für hippes Volk und für brave Familien. Das Motto ist aber überall unmissverständlich das gleiche: Das Leben ist ein Strand. Und wer mal dort war, stimmt dem zu!

Was die Deutschen nur haben mit ihrem Rauchverbot in Gasthäusern? In Australien gilt die Einschränkung der persönlichen Freiheit schon längst auch am Strand, zumindest in Bondi, dem Kultstrand von Sydney. Angesichts von 700 000 vermuteten Kippen im Sand ist diese Regelung ja durchaus nachvollziehbar – im Gegensatz zur deutsch-europäischen Willkür. Auch wenn der tiefe Zug nach dem flotten Surf vielen fehlt: Was soll's? Gibt's da nicht noch Coogee, Bronte, Tamara, Pittwater, Dee Why und ungefähr 25 weitere Strände in der Nähe der Stadt? Andererseits: Strand ist nicht gleich Strand in Sydney. Die sonnenverwöhnten Boys und Girls der Stadt unterscheiden deshalb grundsätzlich zwischen den Nordstränden, die meist einsame Buchten sind und keine große Infrastruktur versprechen, sowie den Südstränden, die Sport, Action und Komfort mit Umkleidekabinen, Toiletten und Kiosken bieten. Fast alle in diesem Kapitel aufgeführten Strände sind mit öffentlichen Verkehrsmitteln zwischen 30 und 50 Minuten Dauer ab Stadtmitte zu erreichen. Die näheren, im Hafenbecken gelegenen Strände werden allerdings nicht zum Baden empfohlen.

Zu den südlichen Stränden gehört auch Bondi, der Szenetreffpunkt schlechthin. Sehen und gesehen werden lautet die Devise. Inline- und Rollerskater gleiten an der Promenade entlang, Wellenreiter zeigen ihre Künste und die Mädchen ihre Formen. Eine Reihe von Restaurants, Geschäften und sogar ein paar Backpacker-Hotels warten auf hippes Strandvolk. Von der bogenförmig verlaufenden Uferpromenade verlaufen ein paar Treppen hinab zum Beach. Meist ist der Strand sehr dicht bevölkert. Zu einer Beachparty gehören schließlich auch ein paar Badegäste mehr als anderswo ...

Trotzdem: Ein paar freie Stellen findet man aber immer noch.

Bondi wird links und rechts von Felsklifen abgegrenzt. Von diesen Felsen hat

man den besten Blick über Strand und Bucht sowie auf die Surfer. Wer weiterklettert wird mit herrlichen Brandungsbildern belohnt, denn das Meer hat die Felsen zum Teil skurril geformt und auch große Löcher ausgewaschen.
Wer selbst Lust verspürt, einmal auf den Wellen zu reiten, belegt einfach den nächsten Surfkurs. »Wir bringen jeden in der ersten Unterrichtsstunde auf dem Brett zum Stehen«, verspricht eine Surfschule vollmundig. Das scheint den Versuch wert zu sein. Zunächst sollen die Anfänger bei Trockenübungen mit dem Board Freundschaft schließen. Das Freundschaftsband, mit dem Surfer und Board dann verbunden werden, erinnert an die Zeiten, als Skier noch Fangriemen hatten. Fast 30 Kilogramm wiegt so ein Übungsbrett. Das spürt man erst, wenn man es ins Wasser schleppt. Doch vor dem Spaß muss man vor allem eins: paddeln, gegen die Kraft der Wellen, bis dort hinaus, wo sie sich türmen. Kein Wunder, dass Dauersurfer die klassische V-Figur mit segmentierten Bauchmuskeln haben, und kein Wunder, dass Spaghettiärmchen da bald schlappmachen. »Kehre niemals der Welle den Rücken«, ruft einer der Jungs vom Begleitteam. Leicht gesagt, wenn man mehr damit beschäftigt ist, das Board zu wenden, damit es irgendwann den Weg zum Strand nimmt. Und weil das Wenden viel zu lange dauert und die besten Wellen meist längst dahin sind, drehen die Jungs die Boards in die Welle und passen die richtige ab. Dann musst du

HAI-LICHES VERGNÜGEN

Murdoch ist in etwa das, was Knut in Deutschland war. Und Murdoch, dem Sandtigerhaibaby, geht's prima. Es frisst brav, nimmt stetig zu und darf bald ins Erwachsenenbecken. Der kleine Hai ist eines von nur vier Babys seiner Art weltweit, die in Gefangenschaft geboren wurden. Allein Murdoch sollte also den Abstecher vom Strand in Manly zur Manly Oceanworld wert sein. Aber es gibt noch einen weiteren Grund: Man kann dort mit ausgewachsenen Sandtigerhaien schwimmen und tauchen gehen. Außerdem mit im Becken: Riesenrochen, Schildkröten und Kleinfische. Und das Beste: Jeder kann mitmachen. Taucherfahrung ist nicht notwendig.

Manly Oceanworld
Tel. +61 (0)2 8251 7877,
www.oceanworld.com.au

WEITERE INFORMATIONEN ZU SYDNEYS STRÄNDEN

Tourism New South Wales c/o News Plus: Tel. (089) 2366 2139,
Fax (089) 2366 2199.
www.sydney.com, www.gobondi.com

Mindestens genauso schön, aber nicht so bekannt wie Bondi sind die Pittwater Bay, der Manly und Balmoral Beach (oben) sowie Shark Beach im häufig gut besuchten Nielsen Park (rechte Seite).

losrudern, was das Zeug hält, und dann spürst du, wie sie dich erfasst, die Welle, und mit welcher Kraft sie dich hinausdrückt in Richtung Strand. Ab jetzt gilt es: Board ganz fest in beiden Händen halten und versuchen aufzustehen. Bei den meisten gelingt das tatsächlich. Sicher ist, wer Australien ohne Surferlebnis verlässt, ist selber schuld. Und keine Angst: Lifeguards sind in Bondi immer zur Stelle. Die pfeifen auch jeden zurück, der zwischen roten und gelben Flaggen ins Meer möchte. Die Farben zeigen nämlich die gefährlichen Strömungen an.

Bondi Beach ist der am häufigsten aufgesuchte Strand. Von der Central Station fährt der Zug zunächst nach Bondi Junction. Dort steigt man in den nächsten Bus nach Bondi Beach um. Nur wenn man abends zurück in die City möchte, kann es schon mal zu Engpässen kommen. Dann sind die Zubringerbusse oftmals überfüllt.

Zu den Alternativen unter den Südstränden gehört Bronte, dessen hohe Wellen die echten Könner auf den Surfbrettern anziehen. Für ängstliche Schwimmer gibt es einen Pool. In Coogee treffen sich die Surf- und Lifeguard-Clubs zu ihren Wettkämpfen. Strandsprint, Ruderrennen und Rettungsaktionen können regelmäßig an dem 300 Meter langen Strand beobachtet werden. Tamara ist mit seinen flachen Wellen ideal für Schwimmer. Ein wirklich hübscher kleiner Sandstrand, der von Felsen malerisch umrahmt wird.

Der bekannteste Nordstrand heißt Manly. Er hat sehr ruhiges Wasser und ist deshalb der Familienstrand der Metropole, mit allen infrastrukturellen Einrichtungen, inklusive Health Center, das über die Risiken des Sonnenbadens in Australien informiert. Im australischen Sommer ist eine 30-plus-Sonnencreme übrigens durchaus zu empfehlen.

Die Fahrt nach Manly mit der Fähre ist ein absolutes Muss bei einem Sydney-Besuch. Vom Circular Quay tuckert sie durch den Naturhafen von Sydney nach Manly. Über den palmengesäumten Corso geht man dann noch knapp 500 Meter zum Manly Beach. An der Steyne Promenade werden Kinderwägen geschoben, wird Fahrrad gefahren, geskatet oder spazieren gegangen. Und auch am Strand geht es sehr gediegen zu im Vergleich zu Bondi. Auch am Manly Beach gilt übrigens ein absolutes Rauchverbot.

Zu den Alternativen im Norden zählt Dee Why: im Süden geschützt, im Norden ein ideales Surfrevier. Der einen Kilometer lange Strand ist immer fast menschenleer, und selbst für ein Getränk muss man in den Ort gehen.

In Palm Beach täuscht zwar der Name: Dort steht keine einzige Palme. Dafür sind der Sandstrand und die flachen Wellen bestens zum Baden geeignet. Es gibt aber leider keinerlei Einrichtungen; und Palm Beach ist außerdem nur mit dem Mietwagen über die Hauptstraße 14 erreichbar.

Gleiches gilt für die Pittwater Bay. Sie ist das Segelrevier der Großstädter mit einer idyllischen Bucht, flach abfallendem Strand, ruhigem Wasser und von tropischen Hängen mit Palmen umgeben. Dieser Ausflug ist kombinierbar mit Palm Beach und mit dem für seine Koala-Population bekannten Ku Ring Gai Chase National Park.

Der Blue Mountains National Park gehört zu den beliebtesten Ausflugszielen der Sydneysider, ob in der Abendstimmung, beim Wandern oder im Überblick per Gondel.

4 Blue Mountains

Der Nationalpark steht auf der Weltnaturerbeliste

Die Blue Mountains sind Sydneys duftende Hausberge mit Wasserfällen und Canyons, Tropfsteinhöhlen und einem Stück Regenwald. Der bläuliche Dunst, der den Bergen ihren Namen gab, entsteht durch das Harz der Eukalyptusbäume. Es setzt ätherische Öle frei, die sich bei warmen Temperaturen verflüchtigen. Größter Anziehungspunkt im Nationalpark ist die Gesteinsformation der Three Sisters.

Es ist paradox. Der Bundesstaat New South Wales steht klar im Schatten seiner berühmten Hauptstadt Sydney. Und das, obwohl NSW, so das gängige Kürzel, der Premier State ist, weil es der älteste, bevölkerungsreichste und wirtschaftlich stärkste der acht einstigen Commonwealth States of Australia ist. Aber modern, cool und schick wird er nur durch den Glanz von Sydney und nicht gerade durch die restlichen 800 000 Quadratkilometer. Wenn es aber ein Gebiet aus New South Wales verdient, gleich neben Sydney genannt zu werden, dann sind es die Berge: die Blue Mountains, ein Ausläufer der Great Dividing Range, die seit 2001 auf der Weltnaturerbeliste der UNESCO stehen. Ein großer Teil von ihnen ist Nationalpark, und zwar insgesamt 27 000 Hektar. Der Park beginnt rund 70 Kilometer in westlicher Richtung von Sydney und wird von den Einwohnern der Landeshauptstadt als Ausflugsziel geliebt, obgleich – oder gerade deshalb? – der größte Teil weitgehend unerschlossen ist. Das Mittelgebirge ragt als Sandsteinplateau auf bis zu 1100 Meter Höhe und bietet spektakuläre Felsenbänder, Aussichtspunkte, Canyons, Höhlen sowie wilde, bis zu 300 Meter in die Tiefe stürzende Wasserfälle. Der aufsteigende Dunst, der im Sommer wie feiner Nebel über den schier endlosen Eukalyptuswäldern liegt, gab dem Weltnaturerbe den Namen. Kurios ist allerdings, dass trotz der unzähligen Eukalyptusbäume keine Koalas im Park zu finden sind. Denn der Eukalyptus, der in den Blue Mountains gedeiht, trifft nicht den verfeinerten Geschmack der putzigen Tiere.

Von Mai bis November ist die beste Reisezeit, denn dann blühen die Wildblumen und verleihen dem grau-grünen Grundton der Gegend Farbakzente. Außerdem ist es empfehlenswert, das beliebte Wochenendziel der Sydneysider an Wochentagen zu besuchen. Denn am Samstag und Sonntag sind die touristisch relevanten Ortschaften Katoom-

ba, Leura oder Blackheath häufig überlaufen. Die ehemals feudalen Hotels und die einst edlen Sommerhäuser sind Zeugen dafür, dass es in dieser Gegend schon Ende des 19. Jahrhunderts Tourismus gegeben hat. Aber sie zeugen auch davon, dass seitdem in puncto Infrastruktur nicht viel passiert ist.
Die Aussichtsplattform Echo Point, von der man die schönste Gesteinsformation im Nationalpark, die Three Sisters, bewundern kann, liegt 300 Meter oberhalb des Jamison-Tals. Die drei Kegel ragen in der Nähe von Katoomba auf einem Hochplateau hervor, das senkrecht abfällt. Die Steintürme wurden nach einer Aborigine-Legende benannt, in der ein Zauberer an dieser Stelle drei Schwestern in Steine verwandelt haben soll, um sie von ihren Liebhabern fernzuhalten. Weitere Aussichtspunkte auf fantastische Kulissen sind der scheinbar 900 Meter über dem Abgrund schwebende Sublime Point an der gleichnamigen Straße, der Wentworth Falls Lookout in der Nähe des gleichnamigen Örtchens, der Gordon Falls Lookout bei Leura und Govett's Leap bei Blackheath. Zudem bestehen in den Blue Mountains wahrscheinlich mit die ältesten Höhlen des Erdballs: Im Jahr 2006 wurde eine Untersuchung veröffentlicht, wonach die Jenolan Caves, die 1867 entdeckt wurden, vor mindestens 340 Millionen Jahren entstanden sein sollen. Die neun Höhlen sind zugänglich, prächtig ausgeleuchtet und gehören zu den schönsten Tropfsteinhöhlen in Down Under. Zum Teil darf man sie alleine erkunden, in einige Säle ist der Zutritt jedoch nur während einer Führung erlaubt. Bei Mount Wilson wächst in der sogenannten Cathedral of Ferns das einzige Stück Regenwald in den Blue Mountains. Wer mehr davon sehen möchte: Direkt an den Blue Mountains National Park schließt sich der Wollemi National Park mit ganzen Regenwaldlandschaften an.

IM ZICKZACK DURCH DIE BERGE

Der nordwestliche Teil des Parks wird von einer Eisenbahnlinie berührt, auf der ab Lithgow die historische Zig Zag Railway verkehrt, eine Dampfeisenbahn, die im Zickzack-Wendezugbetrieb den Berg herauf- und herunterfährt, da für den Bau von Kurven kein Platz zur Verfügung stand. Die bautechnische Meisterleistung und die Zickzack-Fahrt ist nicht nur für Eisenbahnfreunde ein Erlebnis. Entlang der Route stehen Picknickplätze und Grills zur Verfügung. Wenn man dem Schaffner Bescheid sagt, lässt er anhalten und die Fahrgäste aussteigen. Nach dem Picknick nimmt einen der nächste Zug wieder mit.
Zig Zag Railway Lithgow
Tel. +61 (0)2 6355 2955,
www.zigzagrailway.com.au

WEITERE INFORMATIONEN ZU DEN BLUE MOUNTAINS

Tourism New South Wales
c/o News Plus: Tel. (089) 2366 2139,
Fax (089) 2366 2199.
www.bluemts.com.au,
www.visitbluemountains.com.au

The Three Sisters heißt die markante Felsformation bei Katooba, welche die Blue Mountains auch international bekannt gemacht hat. Eine Aussichtsplattform gewährt diesen Blick.

Die ältesten Reben des jungen Weinlands gedeihen im Hunter Valley. Gekeltert werden feine Chardonnays, die vor Ort verkostet werden können.

Friedlich grasen die Känguruhs am Strand von Murramarang, an dem sich während des Hochwassers sogenannte Tidepools bilden.

5 Hunter Valley

Australiens ältestes Weinanbaugebiet

Rund 80 Winzer, die zum Teil zu den Besten des Fünften Kontinents zählen, machen das Hunter Valley (neben dem Barossa Valley) zum berühmtesten australischen Weinanbaugebiet. Weinverkostung und Einkauf direkt beim Erzeuger gehören nicht nur in Cessnock oder Pokolbin, den beiden namhaftesten Weinorten im Tal, dazu. Die weiße Sémilliontraube sowie die roten Shiraz und Pinot Noir sind die beliebtesten Reben der Gegend, die durch das gemäßigte Klima mit vier ausgeprägten Jahreszeiten und gleichmäßig verteilten Niederschlägen gute Voraussetzungen für den Weinanbau bietet. Seit den 1830er Jahren wird dort Wein kultiviert. Einer der Top-Winzer im sanft gewellten Hügelland Hunter Valley ist Tyrells. Heute gibt es auch zahlreiche Restaurants und Hotels. An der nahen Küste können bei einem Bootsausflug Wale und Delfine, besonders bei Port Stephens, beobachtet werden, während die Tilligerry-Halbinsel Koalas in einem Naturschutzgebiet beherbergt.
www.huntertourism.com,
www.winecountry.com.au

6 Murramarang

Der Nationalpark ist immer noch ein Geheimtipp

Strände und Felsplatten, Eukalyptusbäume und Regenwald: Der kleine, 1973 ausgerufene National Park Murramarang gliedert sich in die Nord- und Südsektionen, die nördlich und südlich des Durras-Sees liegen, sowie vier Inseln und 44 Kilometer Küstenstreifen. Es gibt mehrere Zugänge vom Princes Highway, die Haupteingänge sind aber East Lynne und Durras North im Norden sowie Bawly Point und Merry Beach im Süden. Der Park bietet einen Caravan- und Zeltplatz, von dem aus man seine Touren machen, etwa zu den Eukalyptusbäumen, die zu den größten ihrer Art zählen, und zum Fischen oder zum Schwimmen an wirklich fantastische Strände wie Pebbly Beach gehen kann. Selbst dort sieht man die größte Attraktion des Parks: die überall friedlich grasenden Kängurus. Meist sind es graue oder Zwergkängurus. Aber auch die Murramarang Aboriginal Area ist einen Besuch wert.
Der Nationalpark ist umgeben von drei State Parks: Benandarrah, Kioloa und South Brooman.
www.nationalparks.nsw.gov.au

7 Byron Bay

Der östlichste Festlandspunkt Australiens

Cape Byron ist nicht dem Dichter Lord Byron gewidmet, sondern dessen Großvater John Byron, der im 18. Jahrhundert die Welt umsegelte. Der 1901 gebaute Leuchtturm ist weithin sichtbar und die Hauptsehenswürdigkeit an der lang gezogenen offenen Bucht. Byron Bay gilt als ideales Surfrevier und zieht Walbeobachter an, da die Bucht regelmäßig von Buckelwalen passiert wird. In Down Under hat Byron Bay einen »alternativen« Ruf: Viele Aussteiger und Künstler haben sich niedergelassen, Berufshippies, New Ager und Rucksacktouristen genießen das Flair. Pünktlich kurz vor sechs Uhr versammeln sich alle Besucher mit Foto auf der Aussichtsplattform, um den frühesten Sonnenaufgang Australiens zu erleben.

Immer zu Ostern ist die Gegend überlaufen: Dann beherrscht das mehrtägige Open-Air-Fest East Coast Blues & Roots Music Festival das Geschehen.

Besucher, denen die Byron Bay nicht mehr alternativ genug und etwas zu kommerziell geworden ist, ziehen weiter nach Nimbin ins Hinterland.

www.byronbayeguide.com

Der weiße Leuchtturm am Cape Byron ist das Wahrzeichen der gesamten Byron Bay. Für Surfer gehört die Bucht zu den Top-Spots.

8 Canberra – unbekannte Hauptstadt

Auch die kleine Kapitale vom Reißbrett hat ihre Reize

Australiens Hauptstadt – mit 350 000 Einwohnern die achtgrößte Stadt des Landes – gehört zu den weitgehend unbekannten Kapitalen der Welt und wird auch Busch-Hauptstadt genannt. Sie liegt im Australian Capital Territory (ACT), wurde am Reißbrett entworfen und profitierte von der Rivalität zwischen Sydney und Melbourne. Die Bauarbeiten begannen 1913, der Hauptstadtstatus folgte am 9. Mai 1927. Kamberra bedeutet in der Sprache der Aborigines schließlich Treffpunkt … Hört man in Europa etwas vom Sitz der australischen Regierungs- und Verfassungsorgane, Ministerien und Verwaltungen, dann geht es meist um rigide Einwanderungsgesetze oder um rüde Politik gegenüber den Aborigines. Zu den Sehenswürdigkeiten gehören das Parliament House, der eindrucksvolle Mittelpunkt der Stadt, die National Gallery of Australia, das massige Kriegsdenkmal und die ausländischen Botschaften, die sich in der Reißbrettstadt nicht verstecken wollten und zum Teil ganz außergewöhnliche Architekturstile repräsentieren.

www.visitcanberra.com.au

Canberra – eine der Reißbretthauptstädte der Welt, hier mit dem Parliament House und dem National Museum of Australia.

Wasser und Urlaubsstimmung sind kennzeichnend für Queensland. Die weißen Traumstrände auf Whitsunday Island (rechts) laden zum Relaxen ein. Dennoch hat Queensland auch noch viele andere Facetten zu bieten.

Queensland

Brisbane wird häufig unterschätzt trotz der alten Kirchen und modernen Hochhäuser, seiner Straßenmusiker, der South Bank Parklands und Glasshouse Mountains in der Umgebung.

9 Brisbane

Brissie ist eine der lässigsten Millionenstädte der Welt

Die Hauptstadt von Queensland verströmt wie kaum eine zweite australische City dieses ganz bestimmte tropisch-relaxte Down-Under-Gefühl. Motto: Besser zum Surfen gehen als einen neuen Entwurf machen. Dabei sind die Brisbanians, die Einwohner, nicht faul. Brissie, wie Australiens drittgrößte Stadt liebevoll genannt wird, ist jung und locker, cool und trendig, einfach irgendwie anders.

Nicht einmal die Wolkenkratzer für 1,3 Millionen Einwohner, die moderne Architektur, die Stahl- und Spiegelglasbauten wirken so kalt wie in anderen Städten. Natürlich, die Sonne geht im Osten auf, und gleich nach Sonnenaufgang spiegelt sich das warme Licht in den mit viel Glas und Chrom glänzenden Hochhäusern. Schon von Weitem grüßt Brisbane mit dieser Skyline, die zwar nicht so mächtig ist wie die von Sydney, aber dennoch imposant. Und beim zweiten Blick scheint es, als habe man alle sozialen und urbanen Sorgen in irgendwelchen Statistiken oder Aktenschränken abgelegt und kümmere sich ausschließlich um seinen Auftritt. Big, bold, beautiful: that's Brisbane! – groß, keck, schön, das ist Brisbane! Sagen zumindest die, die es wissen sollten, die Brisbanians.
In der behaglichen Hauptstadt von Queensland ist das Surfbrett wichtig, ein kühles Bier, gefolgt von einem Dinner im trendigen Restaurant. Die Arbeit

muss gemacht werden, und sie wird gemacht, aber Strand und Vergnügen stehen nicht im Hintergrund: Sogar aus dem 16 Hektar großen Weltausstellungsgelände der Expo 1988 ist ein Vergnügungs- und Erholungspark geworden. Die South Bank Parklands liegen mitten im Zentrum und symbolisieren mit Ausrufezeichen ein lockeres take it easy, bloke! Darin liegt übrigens auch der einzige Strand Australiens, der sich mitten in einem Stadtzentrum befindet. In den Southbanks lassen es sich die Bewohner Brisbanes am weißen Sandstrand mit Palmen und kristallklarem Wasser gut gehen. Das hat nicht mal Sydney …

Um jedoch kein einseitiges Bild zu zeichnen: Brisbane ist bekannt für seine Hochschulen, etwa die Queensland University of Technology, die University of Queensland oder die Griffith University. Brisbane ist ganz klar nicht nur das politische, sondern auch das Industrie-, Handels- und Finanzzentrum von Queensland. Auch die Branchen Bio- und Informationstechnologie sowie Telekommunikation sind im Kommen. In der näheren Umgebung sind neue Bürohochhäuser entstanden, um den steigenden Bedarf zu decken. Auch der Tourismus spielt eine wachsende Rolle. Brisbane hat zwei Flughäfen: Brisbane International im Nordosten der Stadt und Archerfield Airport im Süden. Während Letzterer vor allem von Privatflugzeugen genutzt wird, fliegen den internationalen Flughafen regelmäßig mehrere in- und ausländische Fluggesellschaften an. Schwerindustrie oder produzierendes Gewerbe hingegen sind von geringerer Bedeutung. Diese Produktionsstätten liegen hauptsächlich an der Flussmündung beim Hafen, von wo vorwiegend Containerware, Zucker und Kohle verschifft werden.
Trotzdem wurde aus dem Lager für aufsässige Sträflinge von 1824 eine echte Schönheit. 1842 wurde die Strafkolonie aufgelöst und das Land zur Besiedlung freigegeben. Nach der Abspaltung von New South Wales 1859 erhob man Brisbane zur Hauptstadt der neuen Kolonie Queensland. Die Stadtrechte bekam sie jedoch erst 1902.
Im Zentrum wartet Brisbane mit einigen prächtigen Bauten im viktorianischen Stil auf. Dazu gehören zum Beispiel das 1871 errichtete Hauptpostamt oder The

GLÄSERNE BERGE

Glass House Mountains – natürlich sind diese Berge gut 50 Kilometer nördlich von Brisbane nicht aus Glas. Aus Zuckerrohrfeldern und Ananasplantagen erheben sich die schroffen, bis knapp 750 Meter hohen Berge wie Schmelzöfen von Glaswerkstätten. Das meinte zumindest 1770 James Cook und gab ihnen diesen geheimnisvollen Namen. Die Formgebung der neun fragilen Riesen vulkanischen Ursprungs ist der Erosion zu verdanken, was man von diversen Aussichtspunkten bestens sehen kann. Das Gebiet wurde inzwischen zum Nationalpark ernannt. Aber nicht nur deshalb und nicht nur, wenn man auf dem Weg von Brisbane Richtung Norden ist, lohnt ein Ausflug.
Glass House Mountains National Park
Tel. +61 (0)7 5496 9533,
www.glasshousemountains.com.au

WEITERE INFORMATIONEN ZU BRISBANE

Tourism Queensland c/o News Plus, München: Tel. (089) 2366 2139, Fax (089) 2366 2199.
www.brisbane.qld.gov.au,
www.ourbrisbane.com

Brisbane liegt zwar am Wellen werfenden Pazifik, dennoch gehören der Brisbane River und die South Bank Parklands zu den Lieblingsplätzen der 1,3 Millionen Brisbanians. Dort kann man im Butterfly House farbenfrohe Schönheiten bewundern (Mitte).

Mansions, sozusagen Reihenhäuser mit Restaurants und Shops auf viktorianisch, aber auch neoklassizistische Bauten wie das Old Government House von 1862 oder das Rathaus aus den 1920er Jahren überraschen. Ein weiteres architektonisches Juwel ist die St. John's Cathedral. Nach der Grundsteinlegung 1901 wird seit 1903 an dem anglikanischen Gotteshaus gebaut. Damit dürfte dies die wahrscheinlich letzte noch im Bau befindliche neugotische Kirche sein.

Brückenfans müssen nach dem Kleiderbügel von Sydney natürlich auch über die Story Bridge, die sich über den Brisbane River spannt und beste Aussichten auf die Skyline ermöglicht. Man kann sogar eine Klettertour machen: Beim Story Bridge Adventure Climb wird der Bogen des Wahrzeichens mitten in der City erklommen. Kunstfreunde besuchen derweil das lichtdurchflutete Queensland Cultural Centre und die Ende 2006 eingeweihte Gallery of Modern Art (GoMA), das derzeit zweitgrößte Museum Australiens. Die ausgedehnten Räume beherbergen eine große Auswahl an Werken australischer, asiatischer, pazifischer und anderer internationaler Künstler sowie der australischen Ureinwohner. Und Shopper werden schließlich in den Einkaufszentren auf der Queen Street Mall glücklich. Die hipsten der erstandenen »Rags« (Fetzen) zieht man am besten gleich an, um sie an der Promenade am Brisbane River auszuführen. Die Einheimischen sagen ja nicht umsonst Catwalk, also Laufsteg, zu ihrer Prachtstraße.

Brisbane lässt sich hervorragend mit dem Fahrrad erkunden oder mit sogenannten Hop-on-/Hop-off-Bussen. Auf dem Fluss kann man im Zickzackkurs mit der City Cat Ferry oder nostalgisch-romantisch mit dem alten Schaufelraddampfer »Kookaburra River Queen« vorankommen. Eine ungewöhnliche Annäherung an die Stadt bieten auch Kajaktouren auf dem Brisbane River. Entlang der schlank in den Himmel ragenden Skyline und dem üppigen botanischen Garten paddelt man auf dem Fluss beinahe lautlos durch das Zentrum.

Brisbane und sein Freizeitangebot: Landesweit wird davon mit Respekt gesprochen. Es sei denn, es handelt sich um Sydneysider oder Melbournians, die schon gerne arrogant auf die Nummer drei im Lande blicken. Brisbanians nehmen das gelassen zur Kenntnis oder gern als Kompliment, aber noch viel lieber nutzen sie das Laissez-faire – und zwar ausgiebigst und jederzeit. Der Strand wird zum Sonntagswohnzimmer, die Ufer des Brisbane River zum Pausenraum, in die Straßencafés geht man bei jeder sich bietenden Möglichkeit. Und unter Stadtdschungel versteht man in Brisbane keine tristen Häuserschluchten, sondern den Botanischen Garten. In Brisbane wird gut gearbeitet, es wird auch gut Geld verdient. Und beides funktioniert vielleicht nur deshalb so gut, weil man sich auch täglich gut erholt in dieser schönen Stadt und dem nahen Umland der Goldküste. Die Gold Coast, südlich von Brisbane, ist ein knapp 60 Kilometer langer Sandstrand, der sich bei Surfern und anderen Wassersportlern großer Beliebtheit erfreut. Allein der Name sorgt schon für höchsten Genuss: Goldküste – wertvoller geht's doch wahrlich nicht!

Er ist nicht der spektakulärste Nationalpark in Queensland, dafür gilt der Lamington Park als einer der zugänglichsten. Sehr beliebt sind die King Parrots und der Canopy Walkway.

10 Lamington

Nationalpark und Weltnaturerbe der Menschheit

Queensland besitzt mehr als hundert Nationalparks. Gut die Hälfte davon ist über den Highway 1 erreichbar. Eines der besten und bezauberndsten Beispiele ist der Lamington National Park. Ein Wanderwegenetz erschließt auf 160 Kilometern das beliebte Gebiet, und im subtropischen Regenwald fühlt man sich wie in einer imaginären Welt, die Mittelerde sein könnte, wo Hobbits, Elben oder Zwerge leben.

Der Lamington National Park zählt wie der kleine östliche Nachbar Springbrook National Park, der Mount Barney und der Main Range National Park, seit 1994 zum UNESCO-Weltnaturerbe. Der mehr als 200 Quadratkilometer große Nationalpark ist der größte subtropische Urwald Australiens. Benannt wurde das gebirgige Gebiet nach Lord Lamington, dem ehemaligen Gouverneur von Queensland. Der hatte die 300 Millionen Jahre alte Region zwar nur einmal besucht, um auf Koala-Jagd zu gehen, war aber entsprechend begeistert von der Natur.

Um fünf Uhr morgens läutet meist der Wecker für die Wanderer, die auf Tagestour gehen. Die ersten drei Stunden geht's durch den Regenwald. Würgefeigen, lianenartige Luftwurzeln und Palmfarne bestimmen das Bild. Dann öffnet sich das dichte, feuchte Grün und wie nach einem Kulissenumbau im Theater geht der zweite Vorhang auf, hinter dem sich Eukalyptus- und Nadelbäume auftun. Die Schwüle weicht der Hitze, die feuchte der trockenen Luft, die in der Ferne flimmert.

Rund 500 Wasserfälle tosen im sattgrünen Hinterland der Gold Coast, etwa eine Autostunde von der Küste entfernt. Im geschützten subtropischen Regenwald hüpfen zwar keine Hobbits, Elben oder Zwerge wie im »Herr der Ringe« umher, dafür zwitschern rote Sittiche, flattern Gelbohrkakadus durch die Luft, mampfen putzige Koalas Eukalyptusblätter und verstecken sich scheue Zwergkängurus hinter riesigen Farnen. Eine der größten Glühwürmchenkolonien Australiens sorgt in der Dämmerung für romantische Lichtspiele. Diese lassen einen allerdings kalt, wenn es geregnet hat. Denn nach den häufigen und oft starken Niederschlägen haben Wanderer auch mit Hunderten von Blutegeln zu kämpfen … Aufpassen muss man zudem auf Stinging Trees, die an ihren sehr großen runden, fast tellerartigen Blättern erkennbar sind. Schon eine

leichte Berührung ist für Menschen sehr schmerzhaft. Den kleinen Baumfröschchen freilich, die gemütlich auf den Stinging-Tree-Blättern Platz nehmen, macht das Blattgift nichts aus. Außerdem sollte man stets auf Schlangen achten, die häufig im Park vorkommen. Festes Auftreten hat sich immer bewährt, denn Schlangen spüren dann die Erschütterung im Boden besser und haben Zeit, sich zurückzuziehen. Achtung besonders dort, wo der Luminouspilz an Baumstämmen nach oben wächst. Was einerseits kurios aussieht, ist andererseits auch der bevorzugte Aufenthaltsort von Baumschlangen …
Es heißt also den Blick nach oben richten. Immerhin gibt es 14 unterschiedliche Arten von Schlangen, darunter eine Pythonspezies, die bis zu vier Meter lang werden kann. In der Regel gibt sie sich jedoch mit Vögeln, Beuteltieren oder Echsen zufrieden.
Der Nationalpark ist in zwei Sektionen aufgeteilt: Binna Burra und die Green Mountains, in denen der Python-Rock-Weg in nur einer Stunde schon schöne Einblicke gewährt. Zu sehen sind etwa die Morans Falls, Castle Crag und Lost World sowie die beschriebene Lichtung vom geschlossenen Regen- zum offenen Eukalyptuswald. Deutlich anspruchsvoller ist der Albert River Circuit, gut 20 Kilometer lang, für den man sieben Stunden benötigt und unter anderem mit dem Echo Point Lookout belohnt wird: Er bietet einen Panoramablick auf die Berge Wagawn, Durigan und die Tweed Range, die alle Teil des Kraterkessels von Mount Warning, dem einstigen zentralen Vulkan, waren. Auch von der Binna-Burra-Sektion sind mehrere Touren ausgeschildert, die von zwei bis 20 Kilometern Länge reichen. Eine Besonderheit ist der Tree Top Walk, führt er doch auf einer Hängebrücke in die Höhe der Baumwipfel. Drei Zeltplätze und zwei Lodges befinden sich im Park, die allerdings in den Schulferien und an Wochenenden sehr gut gebucht sind.

DAS WRACK IM WALD

Im Februar 1937 verschwand ein Flugzeug auf dem Weg von Brisbane nach Sydney im Lamington National Park. Bernard O'Reilly hörte davon und machte sich auf die Suche, womit eine der bemerkenswertesten Suchaktionen in der Geschichte Australiens begann. Nach zehn Tagen fand er das Flugzeugwrack – und drei Passagiere, die noch am Leben waren. Vier weitere Insassen waren tot. »Did Brisbane win?«, fragte einer der Geretteten sofort, und gemeint war ein Kricket-Spiel … Wer die ganze Geschichte hören möchte, nächtigt am besten in »O'Reilly's Rainforest Guesthouse«. Bernard erzählt sie dort noch heute.

»O'Reilly's Rainforest Guesthouse«
Lamington National Park
Tel. +61 (0)7 5544 0644,
www.oreillys.com.au

WEITERE INFORMATIONEN ZUM LAMINGTON NATIONAL PARK

Tourism Queensland c/o News Plus, München: Tel. (089) 2366 2139, Fax (089) 2366 2199.
http://lamington.nrsm.uq.edu.au,
www.queensland.de

Fraser Island muss man einfach gesehen haben. Der Basin-See, der Lake McKenzie und eine Jeepfahrt am Strand zum »Maheno«-Schiffswrack (rechte Seite) sind nur drei Höhepunkte.

11 Fraser Island

Die größte Sandinsel der Welt verblüfft alle Besucher

Fraser Island ist 123 Kilometer lang und verläuft unter Wasser 45 Kilometer weiter. Die Breite beträgt maximal 22 Kilometer. Die höchste Erhebung liegt bei 244 Metern. Und auch der Grund unter dem Meeresspiegel besteht nur aus Sand – Millionen Tonnen von Sand. Fraser Island ist eine Sensation im Pazifik. Für die UNESCO Grund genug, die Insel 1992 zum Weltnaturerbe der Menschheit zu erklären.

»Wo gibt's den meisten Sand auf der Erde?« Ranger Scott grinst. »In der Sahara natürlich!«, lautet die prompte Antwort. Scottie weiß es besser: »Verkehrt getippt! Aber keine Bange: Alle geben darauf die falsche Antwort.« Tatsächlich sind nur zehn Prozent der Oberfläche der größten Wüste der Welt mit Sand bedeckt. Fraser Island besteht dagegen ausschließlich aus den feinen Körnern. Stolz brüstet sich Scott, nicht nur auf der größten Sandinsel der Welt zu arbeiten, sondern dabei auch den meisten Sand auf einem Haufen vorweisen zu können. »Wären da nicht vier Vulkanfelsen, bildete ausschließlich Sand den Untergrund.«

Dieser Sand ist ein Erosionsprodukt der Great Dividing Range, dem Gebirge, das sich entlang der australischen Ostküste zieht. Er wurde zunächst durch die Flüsse in die See und von dort durch Meeresströmungen transportiert. Schließlich blieb der Sand an den Vulkanfelsen hängen und baute sich zu Dünen auf. Ein Prozess, der immer noch andauert.

Archäologische Funde haben ergeben, dass Fraser Island seit mindestens 5500 Jahren von Aborigines bewohnt wird. Muscheln, Schildkröten, Fisch, Dugong und Vögel gehörten ebenso zum Nahrungsangebot wie Beeren, Wurzeln oder die Möglichkeit zur Honiggewinnung. Spirituelles Zentrum der Ureinwohner sind die Coloured-Sand-Dünen. Nach der Besiedlung Australiens war Fraser Island zunächst ein Rückzugsgebiet für die Aborigines. In ihrer Sprache heißt Fraser deshalb wohl »Kgari«, was so viel wie Paradies bedeutet. Dann wurde die Insel als Holzreservoir entdeckt. Aus den wertvollen Satinay-Pinien, die nur auf Fraser Island und zwei benachbarten Inseln gedeihen, wurden Schiffe gebaut. Erst 1991 stoppte man das Fällen der Bäume sowie auch das Abtragen von Sand. Aborigines gab es dort zu diesem Zeitpunkt längst keine mehr.

Die Insel ist das ganze Jahr über sehr gut bereisbar. Wer den Besuch zusätzlich

Auch im 21. Jahrhundert bleibt Fraser Island eine Welt für sich – mit Jeeps und Flugzeugen am Strand, fantastischer Natur für Bushwalks und dem einen oder anderen wilden Dingo.

mit Walbeobachtungen verbinden möchte, wählt die Monate August bis Oktober als Reisezeit. Eine Individuelle Tour auf das 1770 von James Cook entdeckte Eiland ist kein Problem, wenn man ein Fahrzeug mit Vierradantrieb hat. Andere Autos sind wegen der Sandpisten auf der Insel nicht zugelassen.
Wer Gruppen lieber mag: In Hervey Bay können Tagestouren gebucht werden. Hier ist auch der beste Ausgangspunkt für Fraser, wo man sich vor der Inselfahrt noch ein Vehicle Permit und – falls nötig – ein Camping Permit besorgen muss. Dann ist man reif für die Fähre – bis zu achtmal täglich – zur Insel.
Auf der Insel dominieren drei Farben: Weiß ist der Sand, grün der Regenwald blau sind der Himmel und die See. Denn bewachsen ist die Insel größtenteils vom einzigen Regenwald der Erde, der auf Sand gedeihen kann. An vielen Stellen liegt sie aber auch blank: auf den mehr als 200 Meter hohen Dünen, an den kleinen Stränden der Binnenseen und besonders am mehr als 100 Kilometer langen Eastern Beach der Ostküste. Dieser Strand dient als Inselautobahn ohne Markierungen mit einer Geschwindigkeitsbegrenzung von 80 Kilometern pro Stunde, aber auch als Piste für kleine Propellermaschinen. Für Absperrungen bei Starts oder Landungen sorgt niemand. »Die Jeep-Fahrer sehen und hören das doch. Der Pilot muss auch schauen. Und Platz ist leicht für beide«, sagt Scottie trocken. So einfach ist das auf Fraser Island.
40 Süßwasserseen gibt's auf der Insel. Am schönsten zum Baden: Lake McKenzie, 30 Grad warm, schneeweißer Sand, türkisfarbenes Wasser. Auch Lake Wabby hat Badewannentemperatur und liegt an der einen Kilometer langen Hamrherstone-Düne. Das Monster wandert jährlich rund drei Meter und die bis zu 30 000 Jahre alte Sandmasse funktioniert wie ein Schwamm: Der größte Teil des Regenwassers bleibt gebunden. Es bilden sich Seen und Quellen, unter anderem Eli Creek, 20 Kilometer weiter nördlich. Hier sprudeln täglich 4,5 Millionen Liter kühles Nass aus der Erde, was in etwa dem durchschnittlichen Trinkwasserbedarf von Sydney entspricht.
Nördlich von Eli Creek gibt's Wrack-Stimmung mit der »Maheno«. Der Luxusliner strandete 1935. Bis heute hat das Meer drei Decks im Sand begraben. In der Nähe: die sogenannten bunten Berge. Scottie macht die Probe aufs Exempel, fasst an einen Bergvorsprung und hat Millionen Sandkörner in der Hand. »Ich sagte doch, dass alles aus Sand besteht!« Ein Viertel der 72 Sandfarben der Insel sind hier an den Formationen der Coloured Sands zu sehen. Kein Wunder, dass dort ein spiritueller Ort der Aborigines ist.
Die Tachometernadel steht auf 80. Wind streicht durchs Haar. Die Fahrt über den Eastern Beach ist ein Vergnügen, weil die Naturpiste so glatt ist wie ein Kinderpopo. Jede Flut glättet den Sand und jede Ebbe beschert hundertprozentigen Fahrspaß. Herrscht auf Floridas Daytona Beach, der weltweit bekanntesten Strandautobahn, reger Verkehr und zeitweise sogar Chaos, geht's auf Fraser Island immer ruhig zu. Im Durchschnitt sind höchstens 25 Fahrzeuge auf rund 100 Kilometern unterwegs. Wichtig: Den Reifendruck für die Sandpartie etwas absenken.

Baden ist am Eastern Beach nicht erlaubt. Die hohe Brandung wäre für geübte Schwimmer wohl zu schaffen, nicht aber die Begegnung der unheimlichen Art: Der Eastern Beach gehört zu den Stränden mit der dichtesten Haibesiedelung in Queensland.
Über das Inselinnere führen schmale Sandpisten zurück an die Westküste zur Fähre. Manchmal huscht ein Dingo über den Weg oder einer der bis zu zwei Meter langen Warane. Brumbies, die wilden Pferde von Fraser Island, bekommen dagegen selbst die Ranger selten zu Gesicht. Es gibt Pisten, die man allenfalls mit 15 Kilometern pro Stunde befahren kann. Ansonsten gilt auf der ganzen Insel die Höchstgeschwindigkeit von 35 Stundenkilometern – abgesehen vom bereits genannten Eastern Beach. Fraser Island ist in einem Tag zu schaffen, aber dann sollten die Badestopps an den Süßwasserseen nicht sehr lange dauern. Besser man übernachtet einmal. Schließlich kann man zwischen Öko-Luxus, Mittelklasse, Low-Budget und Camping wählen.
Das beste Haus am Platz ist seit Jahren das »Kingfisher Bay Resort« mit Restaurants, Bar und sogar Swimmingpool. 2004 gewann das Resort den Australian Tourism Award for Eco-Tourism. Einziger Nachteil: Es liegt an der unattraktiveren Festlandseite.

LETZTER RÜCKZUG

Auf dem Festland wurde seinetwegen der längste Zaun der Welt gebaut. Die Farmer hassen ihn. Und manchmal auch viele andere Menschen. Zum Beispiel, wenn es zu einem Zwischenfall mit einem Kind gekommen ist. Der Dingo hat kein einfaches Leben, und für gewöhnlich sieht man ihn auf dem Festland kaum noch. Auf Fraser Island ist eine Begegnung eher die Regel. Auch wenn sich der Dingo von Fraser Island bei seinem letzten Rückzug mit Hunderassen vermischt hat und nicht mehr als reinrassig gilt: So schnell wird man keinen anderen mehr sehen können. Die Fraser Island Defenders Organization bemüht sich um den Schutz der letzten Dingos auf der Insel.

Fraser Island Defenders Organization
P.O. Box 909, Toowong Qld 4066,
www.fido.org.au

WEITERE INFORMATIONEN ZU FRASER ISLAND

Tourism Queensland c/o News Plus, München: Tel. (089) 2366 2139, Fax (089) 2366 2199.
www.fraserisland.net

Ein Reef Walk oder der Blick aus dem Glasbodenboot geben einen guten Eindruck. Am schönsten ist das Barrier Reef aber, wenn man es mit der Jacht und Tauchflaschen erkundet.

12 Great Barrier Reef

Das berühmteste und älteste Korallenriff der Erde

Wale, Delfine, Seekühe und Haie, 2000 Fisch-, 400 Korallen- und 10 000 Schwamm-Arten haben ihr Zuhause am Great Barrier Reef: zu bewundern auf 350 000 Quadratkilometern bei einer Rifflänge von beinahe 2500 Kilometern. Das Fundament wird auf ein Alter von 20 Millionen Jahren geschätzt. Später verschmolzen viele kleine Riffe zum heutigen Giganten. Natürlich gehört auch das Great Barrier Reef zum Weltnaturerbe.

G'day, mate!«, begrüßt der Skipper der schneeweißen Segeljacht den Gast an Bord, ob dieser nun Banklehrling oder Direktor, Männlein oder Weiblein ist. Der Sunshine State gibt sich locker, und der Skipper macht so manchem seiner Gäste gehörig Angst vor dem Schnorchel- und Tauchtrip am Riff: »Ihr werdet einen sehen«, tönt er, »denn Haie haben wir hier draußen genügend!« Dann lenkt er ein: »Keine Angst! Es sind die harmlosesten Haie. Die Riffhaie, die ihr sehen werdet, haben mehr Angst vor euch, als ihr denkt. Also hauen sie schnell ab und suchen nach leichterer Beute.« Es versteht sich von selbst, dass beim Ausflug an die schroff abfallende Außenkante des Riffs auch mit Mantas, Clown-, Doktor- und Napoleonfischen Bekanntschaft gemacht werden kann. Auf der vom Festland abgewandten Seite, dem Outer Reef, fällt das Riff teils bis zu 2000 Meter Tiefe zum Meeresboden steil ab. Schwärme blau-gelber Füsiliere schießen im Zickzack umher, farbenfrohe Pfauen-Zackenbarsche, Regenbogen-Makrelen und Papageifische gleiten vorüber. Seeschlangen winden sich dem Sonnenlicht entgegen. Und eine Schildkröte treibt scheinbar träumerisch im türkisfarbenen Wasser. Sechs der insgesamt sieben weltweit vorkommenden Arten von Meeresschildkröten leben am Barrier Reef, darunter auch die vom Aussterben bedrohten unechten Karettschildkröten und die pazifischen Suppenschildkröten. Alles passiert vor einer Kulisse aus Korallen, die in allen Farben und Formen schillern. Fächerkorallen strecken ihre Finger in die See, Weichkorallen wiegen sich in der Strömung, Fische ziehen daran. Die menschlichen Besucher in ihren schwarzen Neoprenanzügen werden nicht beachtet. Wer in Australien ist und nicht wenigstens einen Teil von dieser gigantischen Fauna unter Wasser erlebt, bei einem Ausflug zum Tauchen

Die Vielfalt an Meeresfauna ist so einzigartig wie das süße Herzriff. Ebenso abwechslungsreich ist das touristische Angebot. Wer trocken bleiben will, besucht das Townsville-Aquarium.

oder auch Schnorcheln, der hat wirklich etwas verpasst.
Das Great Barrier Reef erstreckt sich über eine Fläche, die größer ist als die von Großbritannien, den Niederlanden und der Schweiz zusammen. Es beginnt im Norden vor Papua-Neuguinea auf dem 10. Breitengrad und endet im Süden mit Lady Elliot Island auf Höhe von Bundaberg auf dem 24. Breitengrad. Am 11. Juni 1770 entdeckte James Cook das große Riff auf schmerzhafte Weise: Seine »Endeavour« lief auf Grund.
Vor etwa 20 Millionen Jahren war das Riff nicht geschlossen. Es bestand aus einer Vielzahl von Einzelriffen. Und Teile des Riffs gehörten früher sogar zum Festland. Sie wurden überflutet, und die meisten der heute zum Riff gehörenden Inseln sind nichts anderes als die Spitzen versunkener Berge – auf denen übrigens auch an die 240 Vogelarten leben. Die heute sichtbaren Teile der farbenprächtigen Korallenriffe sind etwa 10 000 Jahre alt. Auch in der Zukunft wird das Riff Aussehen und Ausdehnung verändern, da es sich ja um einen lebenden Organismus handelt, der aufgrund vieler verschiedener Einflüsse einem ständigen Wandel unterliegt.
In Zeiten globaler Veränderungen stellt man nun auch down under immer häufiger die Frage: Steht das flächenmäßig größte Weltnaturerbe der Erde, bereits 1983 in die UNESCO-Liste aufgenommen, vor dem Exitus? Für das größte lebende Ökosystem der Welt und den einzigen lebenden Organismus der Erde, der mit bloßem Auge vom Weltraum aus zu sehen ist, hat der Wettlauf mit der Zeit längst begonnen. Das Riff muss schließlich vor allem vor dem Menschen geschützt werden. Seit die ersten Europäer vor rund 200 Jahren nach Australien kamen, ist die Menge der vom Land ins Meer strömenden Nährstoffe ums Fünffache und die der Sandablagerungen sogar ums 15-fache gestiegen. Die Zahl der nistenden Karettschildkröten sank sogar um die Hälfte.
Von den gewaltigen Seekühen, den Dugongs, sind an der Küste Queenslands nur noch drei Prozent des Bestandes übrig. Auch Coral Bleaching ist am Great Barrier Reef kein Fremdwort mehr. Fachleute sehen steigende Wassertemperaturen als Ursache. Schon ein Grad über dem jährlichen Temperaturdurchschnitt reicht aus, dass Korallen ihre Farbe einbüßen. Und nach zwei Bleicheschüben in den letzten zehn Jahren

erkannte man: Fünf Prozent aller Korallen, die ja Tiere sind und keine Pflanzen, benötigen zur vollständigen Erholung Jahrzehnte. Ein Riffkomplex hat ein mittleres Wachstum von nur wenigen Zentimetern in einem Jahr. Man kann zwar sicher nicht von einem Exitus des Riffs sprechen, aber die alarmierenden Zeichen sind deutlicher geworden. Auch wenn gilt: Sieht es in einem Teil schlecht aus, heißt das nicht, dass es in anderen Teilen des Riffs genauso ist. Und getan wurde auch schon einiges. Die Ausweitung der extrem geschützten Zonen des Riffs von einst fünf Prozent auf nun rund ein Drittel ist ein wichtiger Schritt. Wer in diesen geschützten Zonen kommerziell oder privat fischt, riskiert empfindliche Strafen.

Gut zwei Milliarden Euro spült der Tourismus an der Küstenlinie entlang des Riffs pro Jahr ins Land. Etwa acht Millionen Touristen besuchen das Riff jährlich. Mehr als 800 Anbieter mit fast doppelt so vielen Booten, Hubschraubern und Kleinflugzeugen bieten Fahrten zum Riff an. Es gibt Tagestouren, mehrwöchige Segeltörns und praktisch zeitlich auch alles andere dazwischen. Und für jeden Gast müssen die Betreiber etwas mehr als zwei Euro an die Marinepark-Verwaltung abführen, um die Forschung mitzufinanzieren. Außerdem hat die Verwaltung das Recht, Betreibern ihre Lizenzen bei Verstößen gegen den Naturschutz auch wieder zu entziehen, was von einer saftigen Geldbuße begleitet wird. Der Skipper der schneeweißen Segeljacht gehört nicht zu den schwarzen Schafen. Genau erklärt der Sunnyboy jeden Tag, was erlaubt ist und was nicht. Sein Ton ist ernst, die Gäste hören interessiert und aufmerksam zu. So muss es auch sein. Vor allem, wenn sich die Besucher später im Meer auch nach dem Gesagten und Erklärten richten. Cairns, wo der Riffsaum nur 30 Kilometer entfernt ist, und Mission Beach im Norden, Townsville und Shute Harbour im zentralen Bereich sowie Rockhampton und Hervey Bay im Süden, wo man schon mindestens 300 Kilometer zum Riff schippern muss, sind die wichtigsten Ausgangsorte für Schiffsausflüge. Meiden sollte man die großen Katamarane, die 400 Plätze und mehr an Bord haben. Auch Glasbodenboot-Fahrten sind meist höchst unspektakulär, selbst wenn bei wasserscheuen Menschen der Reiz groß ist, sozusagen trockenen Fußes einzutauchen.

KLEINER, ABER FEIN

Es soll ja wirklich wasserscheue und ängstliche Zeitgenossen geben, die zwar gern mal einen Blick aufs Great Barrier Reef werfen möchten, den Schritt aber letztlich doch nicht wagen. Für diese Leute ist Townsville ein Muss. Denn dort steht mit dem Reef HQ das größte lebende Land-Korallenriff weltweit. Im Townsville-Aquarium leben mehr als 400 verschiedene Tierarten in einem Becken, das fast 40 Meter lang und sieben Meter tief ist. Die sensiblen Korallen benötigen wie draußen am Riff ein exaktes Gleichgewicht aus Salz, Temperatur, Sonneneinstrahlung und Nährstoffen.

Reef HQ Townsville
Tel. +61 (7) 4750 0800,
www.reefhq.com.au

WEITERE INFORMATIONEN ZUM GREAT BARRIER REEF

Tourism Queensland c/o News Plus, München: Tel. (089) 2366 2139, Fax (089) 2366 2199.
www.australien-info.de/great_barrier.html,
www.queensland.de

Island Hopping per Segelboot, Insel-Erkundungen per Golfcart wie auf Hamilton Island. Oder sich einfach nur verwöhnen lassen – fast tausend Inseln stehen zur Wahl …

13 Inseln vor Queensland

Dort gibt's Postkarten- und Inselwitzmotive en masse

618 Kontinentalinseln und 300 Koralleninseln reihen sich wie Perlen an einer imaginären Schnur vor Queenlands Küste auf. Völlige Abgeschiedenheit herrscht auf dem einen, ein kunterbuntes Publikum auf dem anderen Eiland, dezenter Luxus hier, Hippieatmosphäre dort. Und ein Familienurlaub mit allen Möglichkeiten ist ebenso machbar, wie auf einer unbewohnten Insel endlich mal Robinson spielen zu können.

Das Schiff ist umgeben von 16 Inseln: eine große Insel, eine mittelgroße Insel und 14 kleine Inseln.« Es war ein schöner Freitagmorgen, der 8. Juni 1770. Das Schiff hieß »Endeavour« und der zitierte Logbuch-Eintrag stammt von Kapitän James Cook. Er entdeckte die Family Islands und nannte sie so, weil sich 14 kleine Eilande um The Father, die große, und The Mother, die mittelgroße Insel, scharten – wie die Küken um Hahn und Henne.

Knapp ein Drittel der gesamten Küstenlänge, die Australien zu bieten hat, was, nebenbei bemerkt, etwa dem Erdumfang gleichkommt, gehört zu Queensland. Es ist ein Tummelplatz für vergnügungssüchtige Einheimische und gut gelaunte Touristen, für Sonnenanbeter und Faulenzer, für Surfer, Schnorchler, Taucher sowie zahlreiche Prominente. Und das Kronjuwel der Küstenlinie ist eine Insel mit dem schönsten Platz über dem Wasserspiegel: Whitehaven – ein weißer Himmel auf Erden, besonders bei Ebbe, wenn sich nur noch wenige Wasserstraßen durch den Sandteppich ziehen und den Strand zu einem natürlichen Aquarell werden lassen. Whitehaven gehört zu den Whitsunday-Inseln, ist unbewohnt und nur per Schiff erreichbar. Ein Hotel ist weit und breit nicht zu entdecken.

Auch die 16 Familieninseln sind Teil des Riffs: 16 von insgesamt mehr als 900 Eilanden, die sich am Great Barrier Reef befinden. 16 Inseln, die (fast) alles bieten: Die Vater-Insel, heute Dunk Island genannt, hat ein Resort für die ganze Familie – selbst wenn sie mit schmalem Geldbeutel ausgestattet ist. Hier gibt es Pools, Spielplatz, Wassersportmöglichkeiten vom Tret- bis zum Segelboot, Golfplatz, Regenwald und Farm. Besuch und Nutzung sind kostenfrei. Nur für Golfen, Tauchen und motorisierten Wassersport wird auf Dunk Island extra kassiert. Der beliebteste Strand, eine von insgesamt fünf Badebuchten, heißt Brammo Beach, ist mehr als einen Kilometer lang und

Whitehaven auf den Whitsundays gilt als Kronjuwel unter allen Inselperlen von Queensland. Aber auch Heron und Magnetic Island sowie die Bali Hai Sandbank vor Hayman Island sind reizvoll. Robinsonade: Champagner und Meeresfrüchte gehören zu einem Picknick am einsamen Strand dazu (rechts oben).

wie gemalt: goldgelb und gesäumt mit mächtigen Kokospalmen. Per Kanu kann man in ein paar Minuten bis Purtaboi Island paddeln und wie einst Cook eine der 14 Kinder-Inseln entdecken. Wer sie alle erspähen will, wandert durch den tropischen Regenwald auf den Mount Kootaloo mit 271 Metern Höhe und sieht sie von oben im Überblick.
Die Mutter-Insel heißt heute Bedarra und beherbergt eines der ruhigsten und schönsten Resorts der Welt. Ist Dunk Island die Insel für Kinderreiche, dann darf Bedarra Island für sich in Anspruch nehmen, eine Insel für reiche Kinder zu sein. Das US-Lifestyle-Magazin »Elite Traveller« wählte Mother Island zur perfektesten und dekadentesten Insel im Südpazifik. Was dekadent bedeutet? Ein Beispiel: Jeder Gast kann sich an der bestens bestückten Bar oder am gut gefüllten Kühlschrank kostenfrei bedienen. Denn »all-inclusive« bedeutet wirklich alles inklusive. Der Gast darf sogar jede Weinflasche öffnen, probieren und zur nächsten übergehen, theoretisch 150-mal, denn so viele Flaschen fasst der Kühlschrank. Das macht zwar keiner, aber es ist möglich. »Wir hatten mal einen Besucher, der hat acht Rieslinge geöffnet, bis ihm einer zugesagt hat«, erinnert sich Chris, der Sommelier mit schottischen Wurzeln.
Bedarra Island ist ein stilles, abgelegenes Refugium mit dem bestgehüteten Geheimnis, was prominente Besucher angeht. Weder Direktion noch Personal ist ein Sterbenswörtchen zu entlocken. Nur der Bootsjunge sagt einmal aus Versehen: »Madonna war mal hier ...«
Das Gegenteil von Bedarra ist Hayman Island, ein echter Laufsteg: »Hi, my name is Roberta«, sagt die Lady aus Melbourne beim wöchentlichen Cocktail-Empfang im Brunnenfoyer des Resorts. Sie hat Tochter Su im Schlepptau, die offensichtlich auf der Suche nach einer guten Partie ist. Auf Hayman könnte sie fündig werden. Hier treffen sich Promis und solche, die Promis sehen wollen, hier mischen sich Reiche, Neu-Reiche und Nicht-ganz-so-Reiche, die aber mitspielen möchten. Die Liste der Celebrities auf Hayman Islans füllt ganze Seiten und reicht von Sportlern wie Muhammad Ali und Jennifer Capriati über Filmgrößen wie Kevin Costner und David Hasselhoff bis zu Musikstars wie Mariah Carey und Keith Richards, Rod Stewart oder Harry Belafonte ...
Aber auch Mitglieder der britischen, spanischen und saudi-arabischen Königsfamilien, Politiker wie Tony Blair und Helmut Schmidt sowie Medienmogule wie Rupert Murdoch, Ted Turner und der reichste Mann der Welt, Bill Gates, waren schon auf Hayman Island. Sie gehört, wie Whitehaven, zu den Whitsunday-Inseln, und allein von diesen gibt's noch 73 Stück in der näheren Umgebung. Hayman Island selbst bietet alle Annehmlichkeiten, die man sich wünscht: Abholung von der Flugplatz-Insel Hamilton mit der Zehn-Millionen-Jacht »Sun Paradise«, Eistücher am Pool und nach dem Tennis-Match Wassersportangebot gratis und und und ...
Weltweit bekannt ist der Blick auf den achteckigen Pool. Dafür muss man ein Zimmer im Westflügel beziehen. Denn nur dort bekommt man die Aussicht auf eine der größten Poolanlagen Australiens, den Ausmaßen von sieben Olympiabecken entsprechend, die weiter über

die Bucht bis zur Whitsunday-Passage reicht. Übrigens: Auch Hayman wurde von James Cook entdeckt, an Pfingsten 1770, weshalb er den ganzen Archipel auch Whitsunday nannte. Heute ist Hayman die einzige Insel der Gruppe, die Palmen hat. 28 Arten, mehr als 1000 Stück, denn zum Traumresort gehört schließlich auch der (von Hoteliershand gepflanzte) Palmentraum ... Die Liste der Inseln vor Queensland scheint endlos. Lady Elliot Island markiert den südlichen Abschluss der Riffinseln und wird – obwohl nur 420 Quadratmeter groß – auch Shipwreck Island genannt. Zagai Island, 100 Kilometer vor Cape York, ist das nördliche Pendant. Und dazwischen liegen Inseln und Resortinseln wie Heron, nach den heimischen weißen Reihern benannt und mit einem kleinen, ruhigen Resort bestückt, Great Keppel, mit Unterkünften von der Luxussuite bis zum Zeltplatz, Brampton, ideal für Taucher, Lindeman, mit einem Club-Resort, oder Hamilton Island, die Ferieninsel mit dem größten Trubel in Queensland: Platz ist für 2000 Gäste, und der Hotelkomplex sieht entsprechend überproportioniert und hoch für die Insel aus. Zu den wichtigsten nördlichen Inseln zählen Magnetic, gut für Familienurlaub, das edle Orpheus und das noch exklusivere Lizard Island.

ROBINSON MIT ACHT PS

Wer Robinson spielen möchte, macht dies von Bedarra aus. Im kleinen Acht-PS-Dingi, das ohne Führerschein und Vorkenntnisse leicht zu steuern ist, findet man für eine Inseltour neben Karte, Handtüchern, Schnorchel und Maske auch einen reichhaltig bestückten Picknickkorb: Wein und Champagner, natürlich eisgekühlt, Huhn und Hummer, Käse und Cracker, Antipasti und alles, was sonst noch dazu gehört. Küchenchef Daniel packt so großzügig ein, dass jeder Robinson auf jeder Insel auch einen Freitag einladen könnte ... Binnen einer Stunde kann man mehrere unbewohnte Inseln anlaufen.

Bedarra Island Resort Great Barrier Reef
Tel. +61 (2) 8296 8010,
www.bedarraisland.com

WEITERE INFORMATIONEN ZU DEN INSELN VON QUEENSLAND

Tourism Queensland c/o News Plus,
München: Tel. (089) 2366 2139,
Fax (089) 2366 2199.
www.queenslandholidays.com.au,
www.voyages.com.au

Eigentlich reißt Cairns das Maul nicht so auf wie der Hai im Shark Attack Shop, sondern gibt sich leicht wie die Esplanade-Skulpturen. Rechte Seite: Kuranda-Seilbahn, Tänzer, Zuckermühle.

14 Cairns

Die kleine Boomtown im Norden von Queensland

Cääns sagen die Aussies zu Cairns. Und mit dem lang gedehnten Cääns verbindet jeder auf dem Fünften Kontinent das Gleiche: junge Leute und Partys, Sonne und Strand, unzählige Motels und Boutiquen, Anbieter für Rifffahrten und Inseltouren. Cairns lebt nicht nur vom Tourismus. Cairns lebt Tourismus, und zwar auf angenehme Weise, ohne dass einem hinter jeder Theke Dollar-Zeichen statt Augen anschauen.

Kevin Byrne, der Bürgermeister, ist mächtig stolz: »Cääns«, sagt er, »ist eine der sichersten tropischen Städte der Welt.« Erst kürzlich hat sein kleines Reich im Norden von Queensland die 100 000-Einwohner-Marke geknackt. In den 1940er Jahren hatte Cairns keine 10 000 Menschen, und das Wort Tourismus existierte praktisch noch gar nicht in dem Nest unterhalb der mächtigen Great Dividing Range. Jetzt ist Cairns also Großstadt – und immer noch ein sicheres Pflaster, ob an der palmenbestandenen Esplanade, am Rusty's Market, wo man jedes Wochenende Kunsthandwerk und Souvenirs erstehen kann, oder in den vielen günstigen Unterkünften. Das freut den vom Klein- zum Großstadt-Mayor avancierten Kevin.
Vor allem bei Rucksacktouristen aus aller Welt gilt Cairns als das Hauptreiseziel in Australien. Und das, obgleich Cairns selbst keinen eigenen Strand besitzt. Aber Ellis Beach und Palm Cove, Trinity Beach und Yorkeys Knob sind das Kapital von Cairns – einerseits. Die Strände finden sich nördlich der Stadtgrenzen und bieten ein lockeres Beachlife wie im Bilderbuch. Die nahe und verkehrstechnisch optimale Lage zum Great Barrier Reef ist das andere Pfund, mit dem Cairns wuchert. Mit einem Schnellboot erreicht man das Riff in nur 90 Minuten, die Ausflugsinseln Green und Fitzroy Island liegen noch näher. Außerdem lockt auch der Daintree National Park im Norden mit einem der besterhaltenen Regenwaldgebiete der Erde. Und im Westen kann man sich in den Atherton Tablelands auf dem Hochplateau von der tropischen Hitze der Küstenregion etwas abkühlen. Schnell erkennt und spürt man, dass die Lage fast wichtiger als die Stadt selbst ist. Auch extra für Touristen arrangierte Ausflugsziele wie der Tjapukai Aboriginal Cultural Park, die Skyrail, eine 7,5 Kilometer lange

Seilbahn nach Kuranda, oder das Nervenkitzel versprechende Hackett Bungee Center finden sich in der Umgebung. Cairns ist bei fast allen Besuchern eine Durchgangsstation, zu der man allerdings nach einer Tour auch wieder zurückkehrt, um sich dann neu zu orientieren.
Das war wohl schon immer so. Bei der Gründung durch den damaligen Gouverneur von Queensland, William Wellington Cairns, im Jahre 1876 diente der Platz ursprünglich auch als Durchgangslager und Exporthafen für Gold und andere wertvolle Bodenschätze, die man westlich und nördlich der Stadt abbaute. Später wurde das Zuckerrohr zum Hauptexportprodukt.
Heute ist Cairns' Tor zur Welt der internationale Flughafen, knapp zehn Kilometer nördlich der Stadt gelegen. Dort hat auch der legendäre Royal Flying Doctor Service eine wichtige Dependance für die für viele im Outback lebenden Menschen überlebensnotwendigen medizinischen Hilfsflüge. Das Besucherzentrum der fliegenden Ärzte liegt im Vorort Edge Hill.
Cairns dürfte eine der wenigen 100 000-Einwohner-Städte weltweit sein, die man direkt von Deutschland aus anfliegen kann. Ein wichtiger Grund dafür – und das ist das dritte Pfund im Wettstreit um gute Tourismusstatistiken – ist das in Cairns herrschende tropische Klima mit Höchsttemperaturen zwischen November und April von 35 Grad. In den restlichen Monaten fällt das Thermometer aber auch kaum unter 25 Grad, und die Wassertemperaturen liegen jahrein, jahraus zwischen 23 und 28 Grad.
Kevin Byrne, der Bürgermeister, könnte auch darauf mächtig stolz sein, aber er erwähnt es nicht einmal. Zu normal kommt ihm das angenehme Wetter und Klima vor. »In Cääns«, sagt er verwundert, »ist es doch immer schön und warm …« Er deutet auf das Stadtemblem, das eine Broschüre ziert. Man sieht The-Cairns-City-Council-Logo mit einer strahlenden Sonne, die hinter Wellen und Palmen aufgeht. Danke, Herr Bürgermeister, es gibt keine Fragen mehr …

ZUCKER, SPASS UND SPLASH

Es ist ein merkwürdiger Park: ein bisschen englischer Garten, ein wenig historisches Freilandmuseum und ein Schuss Wasserspaß dazu. Sugarworld Parkland ist ein Platz für alle und irgendwie damit auch typisch für Cairns. Auf dem Spielplatz krabbeln die Kleinen, am Grill bereiten die Männer das Barbecue zu, das Teenager-Töchterchen spielt im knappen Panty Volleyball. Sohnemann hat sich inzwischen zwar weniger den Pionieren der Zuckerindustrie gewidmet, aber umso intensiver der ausgestellten Dampflok, die einst das Zuckerrohr zum Hafen brachte. Dann sind die Steaks fertig. In den Wasser-Funpark geht's nach dem Essen …

Sugerworld Parkland Cairns
Tel. +61 (0)7 4045 0422,
www.sugarworld.com.au

WEITERE INFORMATIONEN ZU CAIRNS

Tourism Queensland c/o News Plus, München: Tel. (089) 2366 2139, Fax (089) 2366 2199.
www.cairns.qld.gov.au

Nicht nur an der Mündung des Daintree River reicht der Regenwald bis an den Pazifik heran. Auch deshalb ist die Tier- und Pflanzenvielfalt im Daintree National Park unvergleichlich.

15 Daintree National Park

Ein Nationalpark zwischen Regenwald und Meeressaum

Der 1200 Quadratkilometer große Bereich zwischen den Flüssen Daintree und Bloomfield ist international weitgehend unbekannt, aber trotzdem seit 1988 Weltnaturerbe. Auf 0,01 Prozent der australischen Oberfläche leben mehr als 30 Prozent aller Säugetier- und 20 Prozent der Vogelgattungen. Etwa 70 Tier- und 700 Pflanzenarten rund um die höchste Erhebung, den Thornton Peak mit 1375 Höhenmetern, sind endemisch.

Regen. Natürlich Regen. Der Name Regenwald kommt ja nicht von ungefähr. Wobei der Regen wie Regenstaub wirkt, feiner noch als Niesel, als seien die Tropfen durch ein unsichtbares Sieb gepresst worden. Das Dach des Waldes ist dicht und mehr als 50 Meter hoch. Jede Pflanze kämpft um Licht und Wasser. Jeder Regentropfen trifft unzählige Male auf Bäume, Blätter, Äste, Tiere, wird kleiner, zerstäubt sich, ehe er, ganz unten angelangt, sich fein und weich über Kopf und Körper legt wie ein Film. Unten, da marschiert Gabal, schon seit sechs Stunden – irgendwo mitten im Regenwald, ohne Pfad und Karte, aber mit einem festen Ziel.

Eigentlich heißt Gabal C. J. Das steht für Collin John. So heißt Gabal draußen, in der Zivilisation, in dieser tristen Ghetto-Siedlung der Gorge Community nahe Mossman. Drinnen, im Wald seines Stammes der Kuku-Yalanyi, ist sein Name Gabal, wie der Baum, unter dem er geboren wurde. Sein Regenwald ist ein Nationalpark, gehört seit 1988 zum Weltnaturerbe der Menschheit und ist die Heimat von insgesamt 20 Aborigines-Stämmen. Seine Heimat ist ein Garten Eden, der einen ernähren, der einen heilen kann, der das Leben ist für Gabal und die Aborigines.

Einst wurden die Ureinwohner gejagt, dann geächtet bis heute sind sie nicht akzeptiert. Wildes langes Haar mit grauen Strähnen, ein zottiger Bart, Falten im klobigen Gesicht, ein Schneidezahn fehlt – ein Zeichen, dass der Aborigine initiiert ist –, das wird von Weißen als verwahrlost betrachtet, nicht als traditionelles Erscheinungsbild.

Sein Territorium ist so ganz anders, als es die Fahrt mit der Touristenattraktion Skyrail vermittelt, einer Gondelbahn, die über einen kleinen Randteil des Daintree National Park gebaut wurde. Sein Regenwald ist auch so ganz anders als der, den der weiße Ranger erklärt, umringt von zwei Dutzend Touristen. Gabal zeigt sein Leben – ohne Worte.

Im Weltnaturerbe Daintree wächst alles dicht an dicht. Die Daintree River Ferry verbindet. Die Mossman Gorge ist krokodilfrei, die Undara Lava Tubes sind dagegen kühl und dunkel.

Er trinkt. Nimmt Wasser aus einem Trichter aus Blättern, den er am Auslauf verstopfte. Das Wasser hat sich beim Gehen angesammelt. Er reicht den Blätter-Trichter. Aus dem Gespräch ist Schweigen geworden. Ein stundenlanges Schweigen, das trotzdem so vieles erzählt, weil Gabal mit Blicken kleine Geheimnisse des Waldes zeigt: perfekt getarnte Tiere, an denen jeder Tourist vorbeistolpert, Blätter, die er zwischen den Fingern zerreibt, die dann ätherische Öle freigeben, kleine Beeren als schmackhafter Zwischendurchsnack. Alles passiert wortlos. Auf Fragen im Wald gibt's als Antwort Körpersprache: Nicht reden hier. Ich zeige doch alles. Höhlen an einer von außen unscheinbaren Felsformation tauchen auf. Gabal deutet auf kunstvoll bemalte Felsen, und glücklicherweise denkt man in solch einem Moment nur an die schöne Digitalkamera, die aber brav in der Fototasche bleibt. Wer an einem solchen Ort, in einer solchen Situation blitzt, beleidigt Gabal und seine Vorfahren.

In der Nähe macht er Abendessen. Gabal zeigt, wie man aus Samen, Beeren und Insekten schnell eine einfache, durchaus schmackhafte Mahlzeit bereitet, trägt nebenbei eine ganze Reihe von Kräutern zusammen, die als Medizin verwendet werden. Pepperomia ist gegen Erkältungen, die Blüte des Ti-Baums gegen Bauchweh, seine zerriebenen Blätter erzeugen Wärme und helfen gegen Verrenkungen oder Muskelverhärtungen. Mit Pea-Blättern kann man sich ein Entspannungsbad machen und Bidi-Bidi wirkt antiseptisch. Getrunken wird Rattan-Wasser und zum Nachtisch gibt's Mandeln, nicht richtige, aber Jambal-

Mandeln, die fast genauso schmecken wie unsere. Mit Balzlauten lockt Gabal Vögel heran, und einem handflächengroßen Schmetterling hält er ein gebrochenes Blatt hin. Der schöne Flattermann saugt und kann scheinbar gar nicht genug davon bekommen.

Am nächsten Tag erklärt C. J., sozusagen von Mann zu Mann, warum der Schmetterling gekommen ist: »Sex, Drugs und Rock 'n' Roll«, lacht er. »So ein männlicher Schmetterling lebt nur 18 Tage. In dieser Zeit trinkt er die 50-fache Menge Alkohol, die er eigentlich vertragen würde, tanzt dementsprechend froh gelaunt durch die Lüfte, bis er ein Weibchen findet, das mit ihm 48 Stunden ohne Unterbrechung Liebe

macht ... Und diese Blätter mit ihren ätherischen Ölen locken die Kerle magisch an!«
Die Nacht ist unangenehm. Die Augen wollen nicht zugehen. Das Bett aus Blättern und Zweigen nimmt nicht die Angst vor kriechendem Ungetier. Immerhin gibt es auch Pythons von vier Metern Länge in diesem Nationalpark, Spinnen, fiese rote Ameisen und etwa 3000 weitere nachtaktive Spezies. Aber Gabal würde das Lager nicht in der Nähe von roten Ameisen aufschlagen und Gefahr, etwa von Schlangen, spüren ... Denkt man. Glaubt man. Hofft man ... Gabals Moskito-Abwehr jedenfalls hilft bestens. Dazu hat er alte Rinde bestimmter Bäume gesammelt, sie angezündet und lässt sie jetzt langsam vor sich hinglimmen.
Wenn man meint, die Nacht sei gänzlich still, dann täuscht man sich gewaltig. Dieser Regenwald ist rund 150 Millionen Jahre alt. Er befindet sich immer noch in einem Stadium der Evolution, die offensichtlich besonders nachts im Gange ist. Es pfeift, blubbert, knackt, es gibt Geräusche, die man zuvor noch nie gehört hat – permanent, durchdringend, beängstigend. Nur das sonst nachts bestimmende Moskito-Surren spielt keine Rolle, der glimmenden Rinde sei Dank.
Gabal hat das Lager unter seinem Geburtstagsbaum gewählt, ein unauffälliger Laubbaum war das Ziel. Er wurde in der Trockenzeit geboren, deshalb war sein Stamm im Wald. Wäre es die Regenzeit gewesen, wäre Gabal ein Kind des Meeres geworden. Nur wenige Schritte weiter: ein Moa-Farn, den es schon in der Dinosaurierzeit gab, und ein Stinging Tree. Die Blätter des Giftbaums brennen auf der Haut, wenn man sie berührt. Der Mensch hat zwei Wochen lang Schmerzen nach einer Berührung, die kleinen Baumfröschchen dagegen hüpfen in aller Gemütsruhe von Blatt zu Blatt.
Es wird hell. Es geht zurück, unter Wait a Whiles hindurch, dornigen Ranken, die herabhängen wie wirres Haar und an allem kleben bleiben, was sie berührt. Jeder männliche Aborigine der 20 Stämme im Daintree-Wald hat das Wissen von Gabal. Denn jeder junge Mann muss in seinem Leben 18 Monate lang alleine im Regenwald überleben. Dann ist er initiiert: Dann ist er ein Mann geworden.

OPER IM BUSCH

Südlich vom Daintree National Park, im Undara Volcanic National Park, findet einmal im Jahr, im Oktober, ein einmaliges Ereignis statt: eine Oper im Busch, inmitten des australischen Outback. »Opera in the Outback« heißen die Konzerte des Music Theatre Australia. Die Stars aus dem südlichen Bundesland Victoria gastieren mit zwei Programmen und Opern- sowie Musicalstücken. Danach geht's zum Campingplatz, der einzigen Unterkunftsmöglichkeit vor Ort. Der Undara Volcanic National Park entstand vor 190 000 Jahren. Dabei bildete sich durch Lava-Flüsse ein begehbares, faszinierendes Tunnelsystem.
Opera in the Outback Undara Volcanic National Park
Tel. +61 (0)7 4097 1900,
www.undara.com.au

WEITERE INFORMATIONEN ZUM DAINTREE NATIONAL PARK

Tourism Queensland c/o News Plus,
München: Tel. (089) 2366 2139,
Fax (089) 2366 2199.
www.daintreecoast.com

Weite, Wildnis, Anmut und vielleicht noch ein Fläschchen Bier dazu, das ist Australien-Feeling pur: Camping am Tonaroo-See im Danbulla State Forest in der Nähe von Cairns.

In Cooktown thront eine Statue von James Cook, der dem Cape Tribulation den Namen gab. Der Leuchtturm ist unweit entfernt, die Black Mountains liegen in der Umgebung.

16 Cape Tribulation National Park

Ein überwältigender Küstenregenwald

Der Cape Tribulation National Park bekam seinen Namen »Kap der Unbill« von James Cook. An dieser Küste lief sein Schiff »Endeavour« 1770 auf Grund. Die UNESCO ernannte das Gebiet dagegen zum Weltnaturerbe der Menschheit. Kein Wunder: Mit rund 3500 Pflanzenarten gibt's dort so viel unterschiedliche Flora wie in ganz Europa. Abgesehen davon ist die Landzunge südlich von Cooktown wunderschön.

Die Golden Orb ist ein echtes Miststück. Zwar ist sie für den Menschen harmlos, da ungiftig. Doch den Männchen dieser Gattung hilft das nicht viel weiter, denn die Golden-Orb-Spinnen fressen ihre Männer einfach. Oder die Cassowaries, bis zu zwei Meter große Laufvögel – wenn sie sich irgendwie belästigt fühlen – greifen sie an, auch Menschen. Das Problem dabei sind ihre Krallen, die so scharf wie Rasierklingen sind. Im Tropendschungel am Cape Tribulation kann einem mehr oder weniger alles begegnen: bunte Vögel, Kakadus, Papageien und Sittiche flattern durch die Lüfte. Im Bat House dürfen Fledermäuse aus der Nähe betrachtet werden. Aber auch große Baumpythons sind beim Blick nach oben gelegentlich zu sehen. Possums huschen und Zwergkängurus hüpfen vorbei. Der Stand der Evolution bei den Pflanzen entspricht im Cape Tribulation National Park noch dem von vor 100 Millionen Jahren.
Mit Palmfarnen, die um die 20 Meter groß werden, und Zikaden, die andererseits zu den kleinsten der Welt zählen. Dieses Stück paradiesische Natur erreicht auf wenigen Kilometern Luftlinie von null, und damit tropischem Meeresklima, die Höhe von 1400 Metern, und damit tropisches Regenwaldklima. Bis Anfang der 1980er Jahre war der Zugang nur auf dem Wasserweg möglich. Die Infrastruktur des Nationalparks ist dementsprechend noch etwas dürftig, aber auch in diesem Park können Touren mit Rangern und Aborigines gebucht werden. Dieser Regenwald ist zudem eine Nachtführung wert. Die Nachttemperatur und vor allem das Mondlicht üben schließlich einen großen Einfluss auf das Verhalten der Tiere im Dschungel aus. Die intensivste Erfahrung macht man in den wärmsten, feuchtesten und dunkelsten Nächten. Es ist dann fast schon gruselig …
Was den Park neben Flora und Fauna außergewöhnlich macht, ist die Vielzahl weitgehend unberührter Strände: Beson-

ders im Winter lohnt ein abkühlendes Bad im Meer. Im Sommer dagegen werden häufig Badewannentemperaturen erreicht. Von Myall Beach kann man auch zum Kap hochklettern. Und von unten hat man den schönsten Blick auf Cape Tribulation. Zwei Kilometer südlich des Kaps lockt der Coconut Beach. Dort sollte man aber auf keinen Fall den mündenden Fluss Myall überqueren. Er ist das Wohnzimmer einiger mächtiger Süßwasserkrokodile. Am kleinen Noahs Beach, im Anschluss, kann man sogar campen. Nördlich vom Kap liegt der Cape Trib Beach, der sogar etwas Infrastruktur wie Picknicktische oder Toiletten anbietet. Der schönste Strand dürfte Emmagen Beach sein, Donovans Beach hingegen, zwölf Kilometer nördlich von Cape Tribulation, ist nur äußerst schwierig zu erreichen.

Entlang der 100 Kilometer, die zwischen Cape Tribulation und dem ehemaligen Goldumschlagplatz Cooktown liegen, stoßen Regenwald und Great Barrier Reef nahezu aufeinander. Selbst für erfahrene Kapitäne wie James Cook war die Gegend nur mit hohem Risiko zu befahren. An Land benötigt man ein Allradfahrzeug: Die Piste ist zum Teil steil und staubig, manchmal geht es auch durch kniehohe Bäche. Man passiert den Cedar Bay National Park mit dem furchterregenden Rattlesnake Point und fährt durch den Black Mountain National Park. Die schwarzen Berge sind tatsächlich tiefschwarz: Granitblöcke und Geröll, das an Kohlehalden erinnert. Leute, die die Black Mountains besteigen, verschwinden auf mysteriöse Weise, heißt es. Und Flugzeugpiloten wollen regelmäßig Turbulenzen spüren, wenn sie darüber hinwegfliegen. Cooktown hatte zur Zeit des großen Goldrausches um die 30 000 Einwohner und beinahe 100 Pubs. Mittlerweile ist alles geschrumpft: Auf 1500 Leute kommen nur noch ein paar Kneipen. Das Städtchen ist mit der Zeit in Vergessenheit geraten.

ANGST UND LIEBE

Wenn man ehrlich ist: Den gefährlichsten Schlangen, Spinnen oder im Wasser lebenden Kreaturen möchte man ja nicht unbedingt live begegnen. Aber interessieren würden sie einen schon … Also, ab in den botanischen Garten von Cooktown, wo Präparate, Skelette und Fotos von den gefährlichsten Spezies ausgestellt sind. Dazu gibt's nette Tipps: Aus grünen Ameisen kann man einen Sud gegen Husten kochen. Die Rinde des Teebaums taugt im Notfall als Toilettenpapier. Und aus dem Potion-Baum wird ein Liebestrank gewonnen, mit dem Männer angeblich jede Frau rumkriegen: »Funktioniert immer«, sagt die Botanikerin …

Botanic Gardens Cooktown
Tel. +61 (0)7 4069 5672,
www.cook.qld.gov.au/visitors/Gardens.shtml

WEITERE INFORMATIONEN ZUM CAPE TRIBULATION NATIONAL PARK

Tourism Queensland c/o News Plus, München: Tel. (089) 2366 2139, Fax (089) 2366 2199.
www.australien-info.de/cape_trib.html, *www.queensland.de*

17 Cloncurry

Das große Rodeospektakel im Outback von Queensland

Cloncurry ist für zweierlei bekannt: für sein spannendes Rodeo einmal im Jahr und für seine Kupfervorkommen, die 1861 entdeckt wurden. Es waren die Abenteurer Burke und Wills, die das Metall fanden, und ein gewisser Ernest Henry gründete das Städtchen Cloncurry 16 Jahre später. Seitdem wird es auch das freundliche Herz im Nordwesten von Queensland genannt. Und es hat sich australische Geschichte dort abgespielt ...

Im Outback von Queensland geht es ganz schön rau zu, besonders beim Cloncurry Rodeo, zu dem sich harte Cowboys treffen, die nur eines im Kopf haben, wie man sieht (rechte Seite).

Nirgendwo anders als im Red Centre ist die Weite, aber auch die Faszination des australischen Kontinents so präsent. Baumlose Ebenen, im Wind tanzende Spinifexballen, knallrote Erde, von der Hitze flimmernde Luft: Mit »A plenty of Nothing«, viel von gar nichts, beschreiben die Australier ihr Outback. Aber in diesem Garnichts hüpfen rund 90 verschiedene Arten von Kängurus, schwirren Milliarden von Buschfliegen, leben skurrile Menschen in Wüstenorten mit drei Einwohnern, werden mehr als 40 Aborigines-Sprachen gesprochen – und natürlich ein unnachahmlicher Aussie-Slang: Ein Englisch, das vom Oxford-Englisch noch weiter entfernt ist als das Plattdeutsche vom Hochdeutschen. Entfernungen von zwei-, dreihundert Kilometern schrumpfen zu einer Ausflugsdistanz zusammen. Und Nachbarfarmen liegen häufig genauso weit auseinander. In so einer Gegend liegt Cloncurry, ein Kupferminenstädtchen, ein Männerort, ein Rodeoplatz, ein Outback-Kaff, aber einst das größte im verlassenen Nordwesten von Queensland. In Cloncurry wurde 1861 Kupfer gefunden, und Ernest Henry gründete sofort eine Siedlung. Cloncurry war während des Kupferbooms bis 1916 der größte Kupferlieferant des Britischen Empire. Die Siedlung wuchs und gedieh: 1879 wurde das erste Krankenhaus fertiggestellt, fünf Jahre später kam eine Schule und weitere drei Jahre später der erste Rekord dazu. Mit 53,1 Grad wurde die höchste Temperatur in Australien gemessen. 1907 verband die Eisenbahn Richmond mit Cloncurry. Aus dem Vorhaben, die Gleise bis zum Meer zu bauen, wurde allerdings nie etwas. In westlicher Richtung war bei Mount Isa Schluss. Die Minen wurden bis 1924 ausgebeutet, ehe man die Produktion drosselte, da Mount Isa ergiebigere Vorkommen aufzuweisen hatte. 1927 testeten John Flynn und Alf Träger die draht-

Kupfer machte Cloncurry groß. Kneipen entstanden, eine Flugpiste und die Eisenbahnverbindung. Heutzutage dreht sich aber alles nur noch ums jährliche Rodeo.

lose Nachrichtenübermittlung zwischen Melbourne und Cloncurry, als das Pferd Silvius aus Cloncurry den Melbourne Cup gewann. Was Folgen haben sollte: Aufgrund der neuen Kommunikationsmöglichkeit wurde am 15. Mai 1928 der Areal Medical Service gegründet. Er war der Vorgänger des heutigen Royal Flying Doctor Service. Von hier starteten die ersten fliegenden Ärzte und eröffneten für die medizinische Betreuung der Australier eine neue Dimension. Ein Pfarrer namens John Flynn ritt zuvor noch mit Pferd und Esel durchs Outback, um Kranken zu helfen. Ein Vertrag mit Qantas, die 1922 in Longreach gegründete Luftfahrtlinie, folgte. Doch unbestritten ist, dass auch die Idee für diese neue Fluggesellschaft in Cloncurry entstand. Schließlich landete im Jahr 1919 Ron Smith bei seinem Flug von England nach Australien in Cloncurry, und die erste Strecke 1922 hieß Charleville – Longreach – Cloncurry. Der Großfarmer Alexander Kennedy finanzierte damals dieses erste Flugabenteuer. Interessant ist der Flugplatz von 1919 noch heute. Ein Gedenkstein erinnert auch an die Schlacht am Korallenmeer: Cloncurry war schließlich im Ersten Weltkrieg ein Militärstützpunkt, von dem Kampfmaschinen starteten. Und während des Zweiten Weltkriegs fungierte der Ort als Luftwaffenstützpunkt der USA. Zwischen 1958 und 1964 kam noch mal ein Aufschwung und eine zweite Zuwandererwelle. Hunderte Uransucher suchten mit dem Geigerzähler die Gegend um Cloncurry ab.
So kam der Platz, häufig kurz »The Curry« genannt, also in die australischen Geschichtsbücher. Heute leben etwa 4000 Menschen in diesem Outback-Nest, das aussieht wie alle anderen auch: Motel und Pub, Autos, eine Tankstelle, Staub, Supermarkt und urige Gesellen. Wahllos stehen Eisenbahnwagen herum, Maschinen für den Straßenbau oder für die Landwirtschaft, eine Schafwollpresse, die riesige Telefonhandstöpsel- und Verbindungsanlage mit 80 Anschlüssen und eine Bahn-Ambulanz sind zu sehen. Sie war von 1941 bis 1971 für Krankentransporte im Einsatz, wenn die Straßen unpassierbar waren. Heute bestimmt die Fleisch liefernde Industrie das wirtschaftliche Leben in Cloncurry. Fleisch wird für Queensland und ins Northern Territory geliefert, geht aber auch bis nach Asien und in den Mittleren Osten. Dennoch wird – etwa in der Ernest Henry Mine – immer noch Kupfer abgebaut, und Besichtigungen sind eingeschränkt, also wenn sie den Betriebsablauf nicht stören, möglich. Auch der erste Qantas-Hangar ist noch in Betrieb.
Das Städtchen liegt an den Ufern des namensgebenden Cloncurry River. Der Fluss wiederum wurde von Burke einst nach seiner Cousine, Lady Elizabeth Cloncurry of County Galway in Irland, benannt. Der Cloncurry River und der nahe Chinamen Creek Dam machen die üblichen 40 Grad Sommertemperatur etwas erträglicher. Zum Schwimmen ist der Stausee allerdings nicht geeignet, denn Krokodile bevölkern das Gewässer. Aber man kann immerhin fischen, Boot fahren und in dieser staubtrockenen Gegend wenigstens den Anblick von Wasser genießen.
Der Hauptgrund, den Ort aufzusuchen, ist das größte Rodeo Australiens. Jede

Menge Zuschauer erwecken den Ort dann einmal im Jahr aus dem Outback-Schlaf. Rennen, Zureiten und Springen stehen auf dem Programm. Es sind ausschließlich Profis am Start, und man spürt sofort: Diese Cowboys sind stolz, Cowboys zu sein, und stolz, in Cloncurry anzutreten. Seit rund 50 Jahren ist The Cloncurry Rodeo ein Begriff für Pferde- und Bullenkenner und gleichzeitig eines der besten Rodeos unter den etwa 600 stattfindenden Rodeo-Veranstaltungen pro Jahr in Australien. Es beginnt mit der Parade und findet beim sogenannten Open Bull Ride den Höhepunkt. Bei diesem Spektakel muss der Cowboy mindestens acht Sekunden auf dem Rücken eines Bullen bleiben, der ein Mindestgewicht von 700 Kilogramm hat … Insgesamt werden in acht Kategorien nicht weniger als 60 000 australische Dollar an Preisgeldern ausgeschüttet. Wer am Ort bleiben möchte, sollte in einem der vier historischen Hotels der Stadt nach einem Zimmer fragen. Das Post Office Hotel stammt aus den späten 1800er Jahren und wurde viermal neu aufgebaut. Das Central Hotel hat seine Ursprünge in den frühen 1900-ern. Das Leichardt Hotel wurde 1926 errichtet. Und das Wagon Wheel Motel and Prince of Wales Historic Inn gründete, wie es der Name vermuten lässt, der Prince of Wales im Jahr 1876. Und es besitzt die älteste Alkoholausschanklizenz der ganzen Gegend.

MUSEEN IM NICHTS

Das kleine Museum im Mary Kathleen Memorial Park, der 1985 eröffnet wurde, führt auf die Spuren der europäischen Abenteurer und Entdecker Burke und Wills. Neben dem stählernen Wasserfass, das die beiden auf ihren Reisen mit sich führten, bietet das Haus eine beachtliche Ausstellung von Steinen und Mineralien sowie Dokumenten über die Bedeutung von Cloncurry für Queensland und Australien. Ergänzt wird der historische Eindruck vom John Flynn Place Museum mit angeschlossener Art Gallery. Dort kann man sich über die Gründung und die Arbeit des Royal Flying Doctor Service informieren.

Tourist Information Centre Mary Kathleen Memorial Park Cloncurry
Tel. +61 (0)7 4742 1361,
www.mindat.org/loc-134.html

WEITERE INFORMATIONEN ZU CLONCURRY

Tourism Queensland c/o News Plus,
München: Tel. (089) 2366 2139,
Fax (089) 2366 2199.
www.cloncurry.qld.gov.au

Australiens weites, leeres Herz schlägt im Northern Territory. Das liegt an den Felskunstarbeiten der Aborigines, den Steinformationen und den urigen Typen. Seine volle Schönheit zeigt das Land im frühen Morgenlicht an den Olgas im Uluru National Park.

Northern Territory

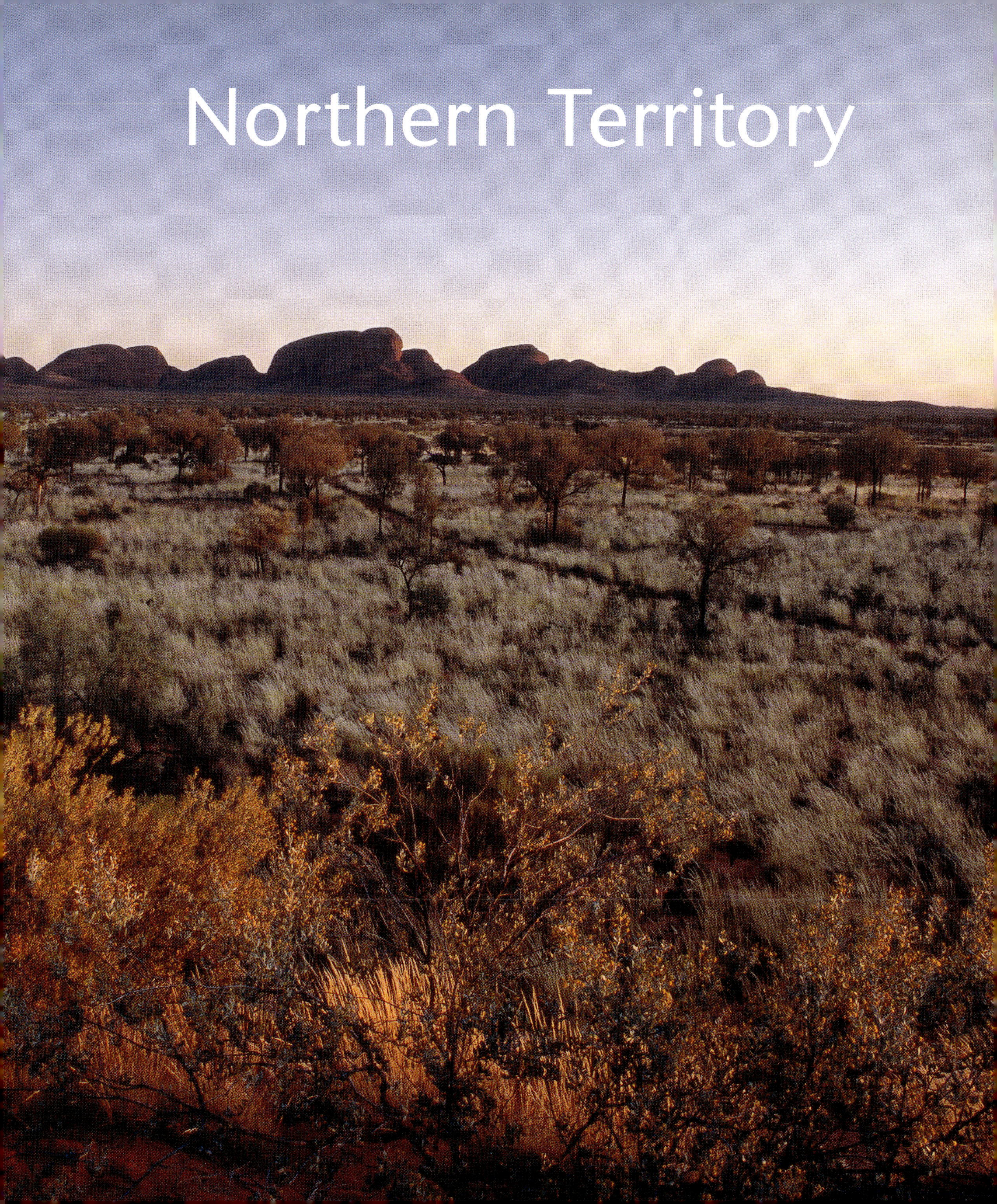

Umrunden statt besteigen lautet die Devise, um dem Uluru die Ehre zu erweisen. Dabei spricht nichts dagegen, das erfolgreiche Unterfangen mit einem trockenen Weißen zu krönen.

18 Ayers Rock

Mitten in Australien: der bekannteste Monolith der Welt

Im Zentrum des Fünften Kontinents ragt er seit Urzeiten aus einer baumlosen Ebene hervor. Für die Aborigines ist er heilig, für Touristen eine Attraktion der Weltklassekategorie. Sein Farbenspektrum im untergehenden Sonnenlicht ist unbeschreiblich, die Felszeichnungen zeugen von einer sehr langen Besiedlung: der Ayers Rock, seit 1987 ein Teil des Weltnaturerbes Uluru and Kata Tjuta National Park.

Für mehr als 80 Prozent der deutschen Gäste ist der Ayers Rock die Top-Sehenswürdigkeit im Northern Territory. Und viele von ihnen wollen den Berg nicht nur sehen, sondern auch erklimmen. Mingas – Ameisen – werden die Touristen genannt, die den heiligen Berg der Aborigines besteigen. Die Ureinwohner Australiens nennen nicht nur die Deutschen, sondern die Urlauber aus aller Welt so, weil sie von unten gesehen wie Ameisen wirken, wenn sie den Ayers Rock hinaufkrabbeln. Der Riesenmonolith ragt 348 Meter hoch aus einer weiten Ebene hervor und ist schon lange zu sehen, wenn man vom Lasseter Highway, also von Alice Springs, heranfährt. Aber Achtung: Zuvor kommt der beinahe ebenso imposante Mount Connor, den viele Reisende irrtümlich zunächst als Ziel ihrer Reise erachten. Der Ayers Rock liegt nicht nur inmitten des 126 000 Hektar großen Uluru and Kata Tjuta National Park, sondern auch im roten Herzen, dem geografischen Zentrum des Fünften Kontinents. Er ist ein Symbol für Australien, wie das Känguru oder das Opernhaus von Sydney. Von Weitem sieht der Ayers Rock ganz glatt aus. Beim Näherkommen erkennt man jedoch tiefe Furchen, durch die bei starkem Regen ganze Sturzbäche fließen. Die Aborigines sagen dann, der heilige Berg weine. Mit einer Länge von etwas mehr als dreieinhalb und einer Breite von knapp zweieinhalb Kilometern bringt es der Ayers Rock auf einen Gesamtumfang von 8,8 Kilometern. Geologen schätzen, dass seine Felsmasse noch um die drei Kilometer in die Tiefe der Erde hineinreicht. Aus der Luft, etwa beim Anflug von Alice Springs kommend, sieht der Monolith auch aus wie ein Riesenmeteorit, der sich ins Herz des Outback gebohrt hat. Der rote Berg wurde von Weißen erst 1873 entdeckt – von den Forschern William Glosse und Ernest Giles – und nach Henry Ayers benannt, dem damaligen Premierminister von Südaustralien. Bis 1948

Der Uluru and Kata Tjuta National Park, in dessen Zentrum der Ayers Rock steht, zieht die verschiedensten Menschen an, vom Motorradfan bis zum Gourmet. Die kleine Metropole Alice Springs ist auch die Basisstation der Royal Flying Doctors (rechts oben).

kam ein Besuch des Ayers Rock einer Expedition gleich, erst dann wurde das Gebiet durch Pisten erschlossen. 1984 baute man die Resortanlage »Yulara« und einen eigenen Flugplatz.
Der Reiz ist groß, wie eine Ameise den 600 Millionen Jahre alten Ayers Rock zu meistern. »Wir sehen es zwar nicht gerne, wenn die Fremden unseren Berg besteigen, aber wir tolerieren es«, meint ein Anangu, der als Ranger für die Verwaltung des Uluru Kata Tjuta National-Park arbeitet. Der Stamm der Anangu hat sein Heiligtum 1985 nach langem Rechtsstreit als Eigentum zurückbekommen, ihn aber an den Staat zurückverpachtet, um den Urlaubern nicht ein Highlight im Wortsinn zu entziehen. Das Tourismusministerium sieht das gerne. Man will schließlich die Besucher im Northern Territory zufriedenstellen.
So bleibt es letztlich jedem selbst überlassen, den Uluru, wie der Berg in der Sprache der Aborigines heißt, zu erklimmen und sich den Sticker »I climbed Ayers Rock« ans Revers zu heften. Der zu den größten Monolithen der Erde zählende Berg besteht aus rotem Sandstein, der bei ungenügendem Profil an den Sohlen auch ganz schön glatt sein kann. Gerade der Beginn ist sehr steil. Aufstiegshilfen wie fest verankerte Ketten helfen. Der weitere Weg ist mit weißen Strichen markiert. Den offiziellen Pfad zu verlassen, ist streng verboten.
Und wer sich für den Aufstieg entschließt, sollte unter keinen Umständen eine Wasserflasche vergessen. Ist man einmal oben, überwältigt der Blick auf die endlose Weite und gen Westen auf die Olgas und den Kata Tjuta National Park.
Die Alternative wäre, das Heiligtum der Aborigines und Weltnaturerbe der Menschheit mit respektvollem Abstand zu umwandern, dabei 20 000 bis 40 000 Jahre alte Höhlenzeichnungen bestaunen, um sich stolz das T-Shirt mit der Aufschrift »I didn't climb Ayers Rock« überzustreifen. In der Regel werden diese Wanderungen von Aborigines begleitet, die Traumzeit-Geschichten erzählen.
Rund 300 000 Touristen besuchen jedes Jahr den Rock. Jeder Dritte geht nach oben. Und jedes Jahr passieren beim Auf- oder Abstieg zahlreiche Unfälle, manchmal sogar tödliche. Jeder Unfall beim sogenannten Climb ist auch ein Unfall für die Anangu. Denn als Wächter des Urgesteins fühlen sie sich für das Wohl seiner Besucher verantwortlich. Ein Grund, warum der Berg im Sommer bei Temperaturen ab 38 Grad gesperrt wird. Der Auf- und Abstieg erfordert zwei bis drei Stunden, was selbst im australischen Winter – im Zentrum mit milden 20 Grad – nicht ohne Mühen ist. Der (sinnlose) Rauf-Runter-Rekord liegt freilich bei unglaublichen 24 Minuten …
Aber der Berg lässt sich auch ohne schlechtes Gewissen – beim Aufstieg – oder kräfteraubende Energieleistung – bei der Umrundung – genießen. Bei Sonnenauf- oder Sonnenuntergang beeindruckt der Ayers Rock mit seinem Farbenspiel von Hellgelb bis Purpurrot alle: Bergsteiger, Wanderer, Aborigines. Es gibt sicherlich nur sehr wenige Plätze auf der Welt, an denen die Frühaufsteher der Sonne den Rücken zukehren. Der Ayers Rock ist so ein Ort, denn alle wollen das Licht der Sonne auf dem Berg sehen. Und viele wünschen sich dabei eine meditative Stille, um den

Beginn eines neuen Tages an einem ganz besonderen Ort zu erleben, um Kraft und Energie zu tanken – so man an Kraftorte, Energiequellen und Mythen glaubt. Das kann klappen. Aber es kann auch schiefgehen, nämlich dann, wenn Gruppen zum Sektfrühstück auffahren, Klappstühle aufstellen und lautstark Campingplatzatmosphäre verbreiten. Oder wenn man bei einer improvisierten Didgeridoo-Vorstellung erfährt, dass man dieses uralte Instrument der Aborigines heutzutage auch problemlos durch ein Stück PVC-Rohr ersetzen kann. Wer das Didgeridoo beherrscht, entlockt auch dem Baumarktteil die gleichen Töne.

Der Ayers Rock und der umgebende Nationalpark werden oft mit dem Northern Territory und dem Outback gleichgesetzt, sie stellen aber trotz ihrer Größe nur einen winzigen Teil davon dar. Das Northern Territory ist eines der letzten großen Natur- und Wildnisgebiete der Erde mit einzigartigen Landschaften, großartigen Naturschönheiten und vielfältiger Fauna. Das Land zwischen tropischer Vegetation an der Nordküste sowie Busch und Wüste im Zentrum ist mit einer Fläche von 1,35 Millionen Quadratkilometern das drittgrößte Bundesland Australiens – und immerhin viermal so groß wie Deutschland.

ALICE IM WUNDERLAND

Alice Springs, die einzige Stadt im Zentrum, die dieser Bezeichnung annähernd gerecht wird, erscheint nach ausgiebigen Outback-Touren in der Einsamkeit fast wie eine kleine Metropole, die in die Wüste gepflanzt wurde. Sie ist für die meisten nur der Ausgangspunkt zum Ayers Rock, aber ein Aufenthalt lohnt durchaus. Zu den Sehenswürdigkeiten gehören die Basis der Royal Flying Doctors und die School of Air, das größte Klassenzimmer der Welt. Schließlich werden die Kinder ob der immensen Entfernungen in vielen Fällen noch heute über Funk unterrichtet.

Tourist Information Alice Springs
Tel. +61 (0)8 8952 5800,
www.alicesprings.net.au

WEITERE INFORMATIONEN ZUM AYERS ROCK

Tourism Northern Territory,
Frankfurt/Main: Tel. (069) 2740 0618,
Fax (069) 2740 0640.
www.australiannationalparks.com/northernterritory/uluru/default.htm,
www.ayersrockresort.com.au

»Viele Köpfe« heißen die Olgas übersetzt. Und sie sind nicht nur zum Sonnenuntergang einen Besuch wert. Die Olgas gehören zu den Plätzen in Australien, die man sehen muss.

19 Die Olgas

36 Bergkuppen, die zu den schönsten der Erde zählen

Sie leuchten rostrot wie zuweilen der Ayers Rock und liegen nur rund 30 Kilometer westlich davon. Die Olgas – oder Kata Tjuta, »viele Köpfe«, wie die Aborigines sagen – sind älter, höher und skurriler, aber dennoch nicht so bekannt wie der Monolith. Immerhin teilen sich beide Felsmassive die Auszeichnung Weltnaturerbe der Menschheit, denn Ayers Rock und Olgas bilden zusammen den Uluru and Kata Tjuta National Park.

Man könnte einfach sagen: Die Olgas sind das Monument Valley Australiens. Gut, die Bergkuppen sind rund und weniger bizarr als im wilden Westen. Aber die 36 Felskuppeln von Kata Tjuta ragen als einzige Erhebung weit und breit aus der roten Erde empor – neben dem 30 Kilometer entfernten Ayers Rock natürlich. Diese Distanz kommt einem im Outback allerdings ungefähr so weit vor wie die Strecke zu der in Sichtweite befindlichen nächsten Straßenbahnhaltestelle …

Auch die kegelförmigen Olgas sind – wie der Ayers Rock – für die Ureinwohner ein heiliger Ort. Die vielen Köpfe haben ihre eigenen Geschichten. Zwei der Berge sind beispielsweise Pungalungas, Menschen fressende Riesen, die von den Aborigines nach langen Kämpfen besiegt wurden und versteinerten. Und der höchste Berg gilt als Heim einer mythischen Schlange mit langen Zähnen, deren Atem der Wind zwischen den Bergen ist. Einige dieser Mythen lernt man im Uluru Kata Tjuta Cultural Centre kennen.

Die Olgas bestehen aus einem Konglomerat von Sand- und Vulkangestein sowie Granit und Gneis. Sie erreichen mit dem Mount Olga eine Höhe von knapp 550 Metern. Wie der Uluru sind auch sie eine Gesteinslage, die durch Erdbewegungen an die Oberfläche gedrückt wurde. Auch sie waren einmal ein einziger riesiger Monolith – nur sind sie schon länger an der Oberfläche und daher auch wesentlich stärker von der Erosion zerfressen als dieser. Der Umfang der Felsformationen beträgt mehr als 20 Kilometer. Es gab schon Fälle, in denen unvorsichtige Wanderer, die ohne Guide aufgebrochen waren, nie wieder zurückkamen. Wer sich in den Olgas verläuft und noch dazu zu wenig Wasser mit sich führt, fordert das Schicksal leichtfertig heraus. Zumal während der Sommerhitze Temperaturen

Besonders der Tatintjawiya-Weg fasziniert viele Wanderer, die nie ohne genug Wasser losmarschieren sollten. Und Autofahrer müssen unbedingt auf ihre Tanknadel achten … Eine Wanderung im Kings Canyon, einer gewaltigen Schlucht mit bis zu 250 Meter tiefroten Felswänden, wird noch lange in Erinnerung bleiben (rechts oben).

von mehr als 40 Grad Celsius das Gebiet in einen regelrechten Backofen verwandeln.

Auf einer der zahlreich angebotenen Touren mit Aborigines erläuft und erfährt man (im übertragenen Sinn) einiges: über Weiten und Grenzen, über Dreamtime und Songlines, die archaische Kultur der Ureinwohner und über die Wildnis mit all ihren Tieren und Pflanzen. Mehr als 150 Vogelarten, so viel Reptilien wie nirgends sonst down under – und zahllose andere Tiere leben im Nationalpark. Darunter auch die größte Echse Australiens: Die Perentie erreicht ausgewachsen eine Länge von zweieinhalb Metern.

Einige Aborigines arbeiten sehr professionell als Reiseleiter für solche Ausflüge, andere halten sich fern vom touristischen Trubel. Aber fast alle haben zwei Namen: einen für die Zivilisation und einen in ihrer Urheimat. Den Fremden zeigen sie auf Bushtucker-Touren ihr Territorium. Einige sind sehr ernsthaft, andere machen Show, meist die auf den kürzeren Touren. Da warnt Dean lautstark vor Schlangen oder bietet schmunzelnd fingerdicke, zehn Zentimeter lange Würmer aus fauligem Holz als Zwischendurch-Snack an: Witchetty Grubs, die Aborigines-Kinder bekommen haben wie weiße Kids ihren Spinat. Auf dass die Kleinen groß und stark werden: im kalten Deutschland wie im heißen Outback … Garniert sind diese Das-Leben-im-Busch-Führungen mit Fährtenlesen, Jagdtechniken inklusive Lektionen in Sachen Bumerang- und Speerwerfen sowie Survival-Tricks. Interessant ist, dass Bushtucker oder Bushfood sich inzwischen auch auf der einen oder anderen angesagten Speisekarte in der Zivilisation wiederfindet und nahm – in ausgearbeiteter Form – sogar den Weg bis in die Gourmetrestaurants von Sydney und Melbourne.

Die kürzeren Touren führen meist ins große Tal der Olgas, wo man tiefe Schluchten und kleine Täler in ihnen sieht. Sogar Bäche sind zu finden, die kleine Oasen bilden inmitten der riesigen roten Wüste. Eine etwa zweistündige Rundwanderung führt ins Valley of the Winds, eine der schönsten und faszinierendsten Landschaften innerhalb der Olgas. Der Weg windet sich wie eine Schlange durch rötliche Schluchten und Klippen. Verpassen sollte man auch den Aussichtspunkt nicht, den man vom südlichen Parkplatz in einer guten Stunde zu Fuß erreichen kann und von dem man einen guten Blick auf die vielen Köpfe der Olgas hat. Von dort geht zudem ein auf Stegen angelegter Pfad ab, der zu tiefroten Dünen führt. Und der Sonnenuntergang an den Olgas steht dem des bekannteren Bruders Uluru um nichts nach. Gegen kurze Wanderungen haben die Aborigines vom Stamm der dort lebenden Anangu im Übrigen nichts einzuwenden. Wer tiefer eindringen möchte, lebt zum einen gefährlich und zum anderen nicht mit dem Segen der Hausherren, die in Kata Tjuta die Schöpferkraft der Traumzeit gespeichert sehen.

Die Olgas muss man sich teilen, nicht nur mit anderen Touristen – so im Schatten des Ayers Rock stehen die Olgas dann auch wieder nicht –, sondern insbesondere mit Millionen von Buschfliegen. Die kleinen schwarzen Quälgeister stechen zwar nicht, aber

nerven unendlich, da sie zielsicher Nassbereiche am Körper ansteuern, etwa die Augen, die Nasenlöcher oder Wunden. Es ist also unbedingt ratsam, sich Fliegennetze zu besorgen, die man über den Kopf stülpt. Nur im Winter sind die Buschfliegen fast komplett verschwunden. Der durchaus vorkommende Nachtfrost lässt den Fliegen dann keine Überlebenschance.

Ernest Giles sah die Olgas als erster Weißer. Er war 1873 so fasziniert von den »runden Minaretten, gewaltigen Kuppeln und monströsen Domen«, dass er ihnen einen majestätischen Namen gab und nach der Königin Olga von Württemberg taufte. 1995 wurden sie offiziell in Kata Tjuta umbenannt. Die UNESCO ernannte den Nationalpark sowohl zum Weltnatur- als auch zum Weltkulturerbe der Menschheit. Die Felskuppen seien ein herausragendes Beispiel eines immer weiterschreitenden geologischen Prozesses in Kombination mit natürlicher Schönheit. Und sie seien ein ebenso herausragender Fall von menschlicher Nutzung von Land, einhergehend mit uralten Traditionen, Ritualen und dem Glauben der Ureinwohner.

Lediglich knapp 200 000 Menschen, davon etwa ein Viertel Aborigines, leben im Northern Territory. Von Kulgera an der Grenze zu Südaustralien bis in die Hauptstadt Darwin im Norden sind es rund 1700 Kilometer. Und zwischen der Ost- und der Westgrenze des Bundesstaats zu Queensland und Westaustralien liegen 900 Kilometer. Kata Tjuta ist einer der schönsten und sehenswertesten Flecken in diesem riesigen Gebiet.

IM TAL DER KÖNIGE

Wer im Uluru and Kata Tjuta National Park weilt, sollte auch den Watarrka National Park und den Kings Canyon besuchen. In diesem 350 Millionen Jahre alten, nur scheinbar überschaubaren Canyon benötigt man eine gute Karte und viel Wasser: Die Wanderung im Kings Canyon, einem dramatischen Riesenspalt mit bis zu 250 Meter tiefroten Felswänden, ist alle Mühen wert. Das Bauchkribbeln an unbefestigten steilen Klippen, die mächtigen Felsdome und die wohlige Entspannung in den wassergefüllten Pools gewaltiger Schluchten sind garantiert Jahre später noch in Erinnerung!

Tourist Information Kings Canyon
Tel. +61 (0)8 8956 7474,
www.nt.gov.au/nreta/parks/find/watarrka.html

WEITERE INFORMATIONEN ZU DEN OLGAS

Tourism Northern Territory,
Frankfurt/Main: Tel. (069) 2740 0618,
Fax (069) 2740 0640.
www.environment.gov.au/parks/uluru/,
www.australiasoutback.de

Die Szenerie sieht aus, als ob ein Riese seine Murmeln hat liegen lassen. Rund 1000 Granitbrocken unterschiedlicher Größe setzen jeden Besucher in Erstaunen.

20 Devil's Marbles

Solche runden Steine gibt's sonst nirgends auf dem Erdball

Die kugelförmigen Granitbrocken liegen wie zahllose, vergessene Spielbälle eines Riesen zu beiden Seiten des Stuart Highways. Die Steine waren ursprünglich eckig, wurden aber in Millionen von Jahren durch Erosion rund geschliffen. Nach dem Glauben der Aborigines handelt es sich um die Eier der Regenbogenschlange, die eine entscheidende Rolle bei der Entstehungsgeschichte des Landes spielt.

Die von der Witterung rund geformten Felsen gehören geologisch zur Davenport Range, die größtenteils unterirdisch, unterhalb der Gesteinsbrocken verläuft. Teile wurden in Urzeiten herausgedrückt und erscheinen jetzt wie vergessen und liegen geblieben. Das wussten die ethnologisch und geologisch unkundigen Erbauer der Overland Telegraph Line nicht und nannten sie einfach Teufelsmurmeln. Dabei haben die rund 1000 Granitkugeln mit dem Teufel gar nichts zu tun. Im Gegenteil: Nach der Überlieferung handelt es sich bei den merkwürdig anmutenden Felsen um die Eier der Regenbogenschlange aus der Traumzeit. Die Schlange ist eine Schöpfungsgestalt im Glauben der Aborigines. Neben ihr gibt es noch weitere spirituelle Wesen, die einst aus der Erde krochen und die Sonne und Sterne, den Himmel und den Regen sowie die Natur und den Menschen schufen. Die Orte, aus denen diese Wesen an die Oberfläche kamen, sind dementsprechend heilig. So wie dieses rund 1800 Hektar große Gebiet, das in den Zeremonien und Legenden der Ureinwohner eine sehr große Rolle spielt. Die Hüter des Heiligtums, die Kaytetye- und Warumungu-Aborigines, sagen aber auch schlicht Karlu Karlu oder Karlwe Karlwe, was ungefähr so viel wie rundes Objekt bedeutet.

Ständige Erosion und die enormen Temperaturschwankungen in der Wüste, von Minusgraden in der Nacht bis zu 40 Grad Celsius am nächsten Tag, sorgen für eine fortlaufende Zerstörung der Steine. Auch die Oxidation einzelner Mineralien schwächt die Felsbrocken und bewirkt ein fortwährendes Abblättern der oberen Schicht. Die rote Färbung ist ebenfalls eine Folge der Oxidation oder entsteht durch Eisen an der Oberfläche des Granits.

Einer der runden Felsen war 1952 ins runde 500 Kilometer entfernte Alice Springs gebracht worden, um dort das Grab des 1951 verstorbenen Reverend

John Flynn zu schmücken und zu ehren, der den Royal Flying Doctor Service of Australia gründete. Da für die Aborigines jeder der Felsen von spiritueller Bedeutung ist, sollte der Grabstein aber wieder zurück zu seinem Ursprung. Die Wegnahme war ein Bruch des Gesetzes der Regenbogenschlange, der – ignorant, wie die Weißen lange genug gegenüber den Aborigines waren – erst 45 Jahre später revidiert wurde. Als Geste des Respekts gegenüber Flynn wurde der Fels von Karlu Karlu durch einen anderen heiligen Stein der Arrente-Aborigines ersetzt. In der Vorstellung der Aborigines existieren drei Welten: die Welt des Ungeborenen, die Welt des Lebendigen und die des Toten. John Flynn sollte in der letzten Welt also durchaus den Schutz eines heiligen Steins erhalten.

Die Devil's Marbles liegen gut 100 Kilometer südlich von Tennant Creek. Die Steine sind nicht zu verfehlen, wenn man auf dem Stuart Highway unterwegs ist, der Nord- und Südaustralien verbindet. Die Kugeln sieht man in großen Mengen beidseitig der Straße. Man findet Steine mit Durchmessern von bis zu sechs Metern, teilweise sind sie übereinandergeschichtet, teils liegen sie verstreut. Einige sind zersprungen oder haben sich halbiert, einige wenige balancieren aufeinander. Auch die Zufahrt zum Conservation Reserve ist leicht. Dort findet man auf Tafeln die wichtigsten Erklärungen zu den Devil's Marbles sowie einen Campingplatz mit Feuerstellen. Wasser und Holz müssen jedoch mitgebracht werden. Die Sonnenuntergänge sind fantastisch, und wer mit dem Wohnmobil unterwegs ist, hat auch ein kühles Bier und saftige Steaks für den Grill dabei. Besser kann ein Outback-Tag kaum enden.

Nördlich von Tennant Creek stößt man zudem auf die Devil's Pebbles, sozusagen verkleinerte Kopien der wesentlich bekannteren und größeren Devil's Marbles im Süden der Stadt.

NASS IN DER WÜSTE

Zum Erfrischen, Schwimmen und Staubabspülen eignet sich der Lake Mary Ann, ein beliebter Stausee etwa fünf Kilometer nordöstlich von Tennant Creek. Nach all der staubtrockenen Hitze, den lästigen und unzähligen Buschfliegen kommt einem der See wie eine Fata Morgana vor, und die Wüste ist schnell vergessen. Der Stausee entstand in den 1940er-Jahren als Wasserreservoir für die Gemeinde Tennant Creek. Und er ist heute auch ein idealer Picknickplatz mit entsprechender Infrastruktur und guten Wassersportmöglichkeiten, wie etwa zum Kanufahren oder Windsurfen.

Tourist Information Tennant Creek
Tel. +61 (0)8 8962 0000,
www.tennantcreek.nt.gov.au

WEITERE INFORMATIONEN ZU DEN DEVIL'S MARBLES

Tourism Northern Territory,
Frankfurt/Main: Tel. (069) 2740 0618,
Fax (069) 2740 0640.
www.nt.gov.au/nreta/parks/find/devilsmarbles.html,
www.australiasoutback.de

In der Nähe von Wauchope im Northern Territory finden Auto- und Bustouristen – nur die kommen dorthin! – das Devil's Marbles Conservation Reserve.

Während das unwegsame Gebiet um die Edith Falls (oben) nur nach tagelanger Wanderung zu erreichen ist, gibt sich die imposante Katherine Gorge sehr zugänglich.

21 Katherine Gorge

Die imposanten Schluchten im Nationalpark Nitmiluk

Ein hautnahes Naturerlebnis haben Kanufahrer, die zwischen den steilen, rötlich braunen und bis zu 70 Meter aufragenden Felswänden der Katherine Gorge hindurchpaddeln. So erlebt man dieses im Lauf von 25 Millionen Jahren entstandene Fluss- und Schluchtensystem am eindrucksvollsten. Der Nationalpark Nitmiluk gehört zum Gebiet der Jawoyn-Aborigines und zählt zu den drei meistbesuchten Parks im Norden.

Während der meist heftigen Regenzeit zwischen November und April sind manchmal sogar die Straßen gesperrt. Kein Wunder, denn sie sind dann nicht einmal mehr sichtbar. Der sonst so gemächliche Fluss Katherine wird zum reißenden Strom, das Wasser steht meterhoch, und sogar die Schluchten verschwinden teilweise in den Fluten. Bis zu zwölf, in seltenen Fällen bis zu 18 Meter steigt der Wasserstand. Deshalb fahren dann keine Ausflugsdampfer mehr, sondern nur noch Jetboote über die überschwemmten Pisten. Die meisten Schiffe dringen allerdings auch in der Trockenzeit meistens nur in die ersten beiden der insgesamt 13 Katherine-Schluchten vor. Drei unterschiedliche Bootstouren werden aber angeboten: Ein Schnuppertrip von zwei Stunden, eine vierstündige Tour mit kleiner Wanderung und ein Ganztagesausflug mit Wander- und Klettermöglichkeit. Wofür man sich auch immer entscheidet, ob Kurz- oder Langtour, Piste oder Wasserstraße, ob Trocken- oder Regenzeit, ein Besuch im Northern Territory ist ohne eine Fahrt auf dem Katherine-Fluss zu den gleichnamigen Schluchten nicht komplett. Einen Tag sollte man sich mindestens Zeit nehmen und jeder zusätzliche Tag lohnt sich. Mutter Natur hat am Nitmiluk National Park schließlich 25 Millionen Jahre lang gearbeitet …

Der Idealfall für Individualreisende: eine gemütliche Kanutour in der Trockenzeit. Zu sehen sind dabei bis zu 7000 Jahre alte Höhlenzeichnungen der Jawoyn-Aborigines, reizvolle Wasserfälle und natürlich die haushohen rötlichen Felswände, die vom Wasser senkrecht nach oben gehen. Das Schluchtensystem der Katherine Gorge ist etwa zwölf Kilometer lang. Eine Distanz, die auch Ungeübte gut bewältigen können. Zwischen den einzelnen Schluchtenabschnitten muss man allerdings das Kanu einige

Meter tragen. Chancen zur Tierbeobachtung bieten sich viele an. Das eine oder andere Süßwasserkrokodil lugt aus dem Wasser, Eidechsen huschen umher, auch Felsenkängurus und eine ganze Reihe von Vogelarten sind zu sehen, darunter Kormorane, Kakadus, Löffler und Reiher.
Die Alternative zum Kanu: Im Park stehen mehr als 100 Kilometer Wanderwege zur Auswahl, darunter auch ein fünftägiger Treck zu den knapp 70 Kilometer entfernten, aber wunderschönen Edith Falls. Im kleinen Pool der Upper Edith Falls, direkt unter einem herrlichen Wasserfall, zu baden, ist ein unvergessliches Vergnügen, bei dem man keine Angst haben muss. Der Pool und auch das Becken der Lower Falls sind hundertprozentig krokodilfrei.
Beide Plätze gehören zu den hübschesten Badeorten im gesamten Northern Territory. Und wer ein paar Dollar mehr im Geldbeutel hat, kann auch einen Helikopterflug über die Katherine Gorge bis zu den Edith-Wasserfällen buchen. Stehen ein paar Tage zusätzlich zur Verfügung, sollten auch Ausflüge zu den 34 Grad warmen Mataranka-Thermalquellen und vor allem zum Cutta Cutta Caves Nature Park eingeplant werden. Die Karstlandschaft bildete sich vor rund 500 Millionen Jahren. Die Kalksteinhöhlen selbst sind untereinander verbunden und weisen zahlreiche beeindruckende Stalaktiten und Stalagmiten auf, die das Zuhause von Fledermäusen und auch Schlangen sind. In Mataranka werden zudem täglich wilde Barramundi gefüttert. Die stattlichen Süßwasserfische zeigen sich dabei ganz schön gefräßig. Im Wildlife Park, etwa 13 Kilometer südlich von Katherine, kann man Koalas aus der Nähe ansehen und – wenn es denn sein muss – auch knuddeln. Man sollte jedoch bedenken, dass die putzigen Tiere dabei einem enormen Stress ausgesetzt sind.
In der Kleinstadt Katherine selbst steht mit dem Springvale Homestead das älteste Gebäude des Northern Territory, das 1879 erbaut wurde. Führungen werden mehrmals täglich angeboten.

BEI ABORIGINES ZU GAST

Manyallaluk, eine Aborigine-Gemeinde, eine Autostunde von Katherine entfernt, hat sich für Besucher geöffnet und dürfte eine Erfahrung der besonderen Art sein. Man kann unter Anleitung Körbe flechten, Speere werfen oder Bilder malen. Auf Anfrage werden dort sogar Corroborees veranstaltet. Bei diesem Ess- und Tanzfest werden Aborigine-Volkslieder am offenen Feuer gesungen und dazu wird getanzt. Das Feuer gilt als Symbol des Lebens. Bei rhythmischer Musik erzählen die Gastgeber Geschichten über ihr Land, ihre Vorfahren und von der Jagd.

Aboriginal Cultural Tours Manyallaluk
Tel. +61 (0)8 8975 4727,
http://aboriginaltouroperators.com.au/blackpages/nt/manyallaluk.html

WEITERE INFORMATIONEN ZUR KATHERINE GORGE

Tourism Northern Territory,
Frankfurt/Main: Tel. (069) 2740 0618,
Fax (069) 2740 0640.
www.katherinegorge.com,
www.australiasoutback.de

Der Kakadu National Park ist etwas größer als Oberbayern. Sein kulturelles Zentrum ist der Nourlangie Rock, an dessen Wänden die Aborigines Alltagsszenen verewigten.

22 Kakadu National Park

Der Nationalpark am »Top End« Australiens ist ein Muss

Aufgrund seiner einzigartigen Tier- und Pflanzenwelt gilt der Kakadu National Park als einer der schönsten Nationalparks in Australien. Sein Gebiet umfasst knapp 20 000 Quadratkilometer und erstreckt sich an die 200 Kilometer von Nord nach Süd und mehr als 100 Kilometer von Ost nach West. Er gehört zum Weltnaturerbe der Menschheit, und man findet dort an Flora und Fauna fast alles – sogar Kakadus ...

Das Northern Territory heißt auch The great wide Open, The Middle of Nowhere, Never-Never, Bush, Outback oder einfach »A plenty of Nothing«, viel von gar nichts. Doch im Kakadu National Park sind all diese Bezeichnungen komplett falsch. Für diesen Park dürfte eher Garten Eden die beste Umschreibung sein.

Wer den Norden besucht, wird mindestens einen der vielen Nationalparks ansteuern: Meist ist es der Kakadu National Park. 200 000 Besucher kommen jährlich hauptsächlich wegen des UNESCO Weltkultur- und Naturerbes ans »Top End«. 150 Kilometer südöstlich der Northern-Territory-Hauptstadt Darwin, erreichbar auf geteerter Straße, bietet der Kakadu National Park den bestmöglichen Querschnitt in Sachen Fauna und Flora sowie die sehr gut erhaltenen Felsmalereien der dort ansässigen Aborigines. Sie gehören zu den Schönsten der Welt und stehen mit etwa 5000 Kunststätten auch zahlenmäßig an der Spitze. Der Kakadu National Park ist deshalb auch eine Kulturlandschaft: Einige Motive zeigen die spirituellen Vorfahren der Ureinwohner während der Schöpfungsphase. Sie bereisten das Land und schufen Landschaftsformen, Pflanzen, Tiere und Menschen. Andere Szenen dokumentieren Heldentaten, Jagdschaubilder, aber auch Spiele von Kindern sowie Zeremonien, Zauberei und Magie. Malereien waren dazu bestimmt, Ereignisse und das Leben von Menschen zu beeinflussen. Aborigines bewohnen das Gebiet des heutigen Kakadu National Park seit ungefähr 50 000 Jahren. Die 5000 Kunststätten entstanden über Tausende von Jahren hinweg und sie belegen damit die frühe Besiedlung. Heutzutage leben nur noch etwa 500 Aborigines in dieser Gegend.

Im Park selbst ist teilweise ein Geländewagen mit Vierradantrieb notwendig. Am besten informiert man sich im Visitor Centre von Jabiru – auch über den Zustand der Straßen. Denn in der

Wie eine Schlange zieht sich der Alligator River durch den Kakadu National Park. Die Yellow Water Wetlands sind bekannt für viele Vögel – und große Krokodile. Besonderer Gag: Im Hauptort Jabiru kann man mit allem Komfort im »Bauch eines Krokodils« übernachten: im 250 Meter langen Hotel Holiday Inn Gagudju Crocodile.

Regenzeit kann es sein, dass die Wege nur zu erahnen sind, weil gerade noch ein Vorfahrts- oder Stopp-Schild aus dem Hochwasser lugt. Trotzdem gilt: Der Park ist ganzjährig geöffnet, denn der Artenreichtum zeigt sich insbesondere während der Regenzeit von November bis April, in der 90 Prozent des jährlichen Niederschlags fallen. Dann sprießt üppig das Grün, und unzählige Vögel bevölkern die Feuchtgebiete. Außerdem ragen Ubirr und Nourlangie Rock über jedes Hochwasser hinaus – und damit auch die berühmte Aborigines-Rock-Art an den Felsen. Ausgezeichnete Ausblicke sind ebenso gewährleistet. Die Wasserfälle – wie die Jim Jim Falls aus 215 Metern Höhe – stürzen im australischen Sommer tosend hinab. Und bei einem Bootstrip kann schon mal beobachtet werden, wie ein Krokodil die Einbahnstraße verkehrswidrig entlangschwimmt …

Mit knapp 20 000 Quadratkilometern ist der Kakadu National Park der größte in Australien. Manche meinen, er sei auch der schönste. 1981 bekam er den Nationalparkstatus, elf Jahre später wurde das Gebiet von der UNESCO zum Welterbe der Menschheit erklärt. Wie beim Uluru Kata Tjuta National Park im Zentrum ist auch im Falle des Kakadu-Parks der Besitz 1978 zurück an die Ureinwohner gegangen, die ihr Gebiet drei Jahre später aber wiederum an den Staat verpachtet haben, damit es touristisch und auch weiterhin für den Uran-Abbau genutzt werden kann. Die Minen sind seit 1971 in Betrieb und besitzen weltweit mit die reichsten Vorkommen. Heimisch ist der Stamm der Gagadju, von denen auch der Name Kakadu abgeleitet wurde. Und nicht – wie oft irrtümlich vermutet – von den vielen Kakadus im Park. Neben ihnen gibt es noch rund 300 andere Vogelarten, darunter auch den Jabiru, ein Storchenvogel, der bis zu 1,20 Meter groß wird und eine Flügelspannweite von etwa zweieinhalb Metern hat. Der weiß gefiederte Kerl ist Namensgeber für die Parkhauptstadt Jabiru. Er ernährt sich von Fisch, Weichtieren und Amphibien, gelegentlich auch von Reptilien und kleinen Säugetieren. 60 Säugetierarten, 77 Fisch- und Froscharten und 75 Reptilienarten stehen ihm zur Verfügung, darunter allerdings auch Kaliber wie der Wasserwaran, die Schlangenhalsschildkröte oder die Kragenechse. Und auch von den zwei Krokodilarten wird er sich wohl besser fernhalten: das Süßwasserkrokodil und das Leistenkrokodil, das auch Salzwasserkrokodil oder im Aussie-Slang »Saltie« genannt wird. Die Süßwasserkrokodile sind an ihrer auffällig schmalen und spitzen Schnauze sowie Wölbungen hinter dem Kopf zu erkennen, die Salzwasserkrokodile nicht haben. Die maximale Größe dieser Tiere beträgt drei Meter, wogegen ein Saltie bis zu sechs Meter groß werden kann. Der Film »Crocodile Dundee – Ein Krokodil zum Küssen« wurde wegen der Vielzahl an Krokodilen auch teilweise im Kakadu National Park gedreht. Zudem sorgen 2000 Insektenarten und 200 verschiedene Ameisenarten für reges Leben – davon zeugen auch stattliche Termitenhügel. Einige der im Park lebenden Tier- und rund 1300 Pflanzenarten müssen sogar noch erforscht werden. Etliche Arten sind endemisch. Diese Vielfalt der Natur und die Felszeichnungen der

Aborigines machen den Besuch zu einem einzigartigen Erlebnis.
Der Kakadu National Park umfasst vier Flusssysteme: den East Alligator River, den West Alligator River, den South Alligator River und den Wildman River. Und Fachleute gliedern den Park in fünf Zonen: die Gezeitenzone mit der Küste, den Flussmündungen und Mangrovenwäldern mit 22 Mangrovenarten, die Überschwemmungsgebiete mit den Nebenarmen der Flüsse, die vor allem in der Regenzeit mit unzähligen Pflanzen wie Lotos, Seerosen und Wasserlilien bedeckt sind; dazu kommen dichter Monsunregenwald, hügeliges Waldland und der Beginn des Arnhemland-Plateaus – ein erodierter Sandsteinblock, dessen Vorboten weit vor dem Plateau wie Inseln aus der Waldlandschaft herausragen. Ubirr und Nourlangie Rock sind Beispiele dafür.
Die Weite des Parks, kaum berührte Busch- und Waldlandschaften mit Flüssen und Billabongs genannten Teichen geben den Touristen Gefühle von unendlicher Abgeschiedenheit – zumindest, wenn man mit dem Allrad-Geländewagen oder zu Fuß ein wenig von den Hauptrouten abweicht. Aber selbst auf einer organisierten Bootsfahrt in den Yellow Waters und am Alligator River erlebt man Idylle pur – zumindest bis das erste Krokodil aus dem Wasser spitzt und man den verträumt aus dem Boot baumelnden Arm schnell einzieht …

WOHNEN IM KROKODIL

Im Kakadu National Park gibt es Unterkünfte vom Buschcamping bis zum Fünf-Sterne-Hotel. Die meisten befinden sich im Hauptort Jabiru. Und eines davon ist in der Form eines 250 Meter langen Krokodils gebaut: mit Kopf, vier Pfoten und Schwanz. Die 110 Gästezimmer haben Mittelklasseniveau, das Restaurant bietet üppige Büffets, und das Schwimmbecken am Abend nach den Nationalparkstouren ist eine Wohltat. Im Hotel befinden sich eine Kunstgalerie sowie ein Andenkengeschäft, in dem man ja nicht unbedingt »Qualitätsware aus nordaustralischem Krokodilsleder« kaufen muss …
»Holiday Inn Gagudju Crocodile« Jabiru
Tel. +61 (0)8 8979 9000,
www.holidayinn.de

WEITERE INFORMATIONEN ZUM KAKADU NATIONAL PARK

Tourism Northern Territory,
Frankfurt/Main: Tel. (069) 2740 0618,
Fax (069) 2740 0640.
www.kakadunationalpark.com,
www.australiasoutback.de

23 Adelaide River

Nirgends gibt es mehr Krokodile auf einmal zu sehen …

Und nirgends kommt man den urigen Reptilien in freier Natur näher. Spektakulär schnellen sie bis zum Schwanz aus dem Wasser, um bei der Jumping Crocodile Cruise einen an Angeln baumelnden fetten Happen zu erwischen. Der Adelaide River ist krokodilbesetzt wie kaum ein anderer Fluss in Australien. Auf lediglich 150 Kilometern zählte man bereits weit mehr als 1500 der mächtigen Leistenkrokodile.

Die Könige des Adelaide River sind fünf Meter lang, 900 Kilogramm schwer und lauern an so manchem idyllischen Naturbecken. Plastiknachbildungen sind dabei nicht gemeint …

Das Plastikkrokodil an der Adelaide-River-Kreuzung ist nicht zu übersehen. Und es symbolisiert schon am Straßenrand, was den Besucher erwartet: Aus dem Fluss schnellende Krokodile, die an Angeln so gefüttert werden, dass sie nur springend an die Beute kommen. »Come and see the jumping crocodiles!« – kommt und schaut euch die springenden Krokodile an – wirbt ein paar Meter weiter ein Werbeschild. Denen, die eine Crocodile Cruise gebucht haben, bleibt der Mund offen stehen. Zwick mich einer, damit ich sehe, dass alles wahr ist, mögen manche denken. Eine Autostunde südlich von Darwin wird das Spektakel von mehreren Touranbietern angepriesen. Bis zu 90 Jahre werden die Krokodile im Fluss alt und bis zu 900 Kilogramm wiegen sie. Trotzdem wuchten sich die Schwergewichte für die Köder aus dem Wasser, als seien sie nur Leichtgewichte. Maraca heißt der erste Hungrige, der nach der Beute Ausschau hält. Gut fünf Meter mag der Kerl lang sein. Auf dem Oberdeck der »Adelaide River Queen« herrscht Spannung. Der Skipper kennt seine Kundschaft: Jetzt kommt auch Grandma, mit ihren dreieinhalb Metern Länge eher eine der Kleineren ihrer Art im Adelaide River. Dann wirft sich ein weiteres mächtiges Krokodil in die Fluten und schwimmt aufs Boot zu. Eine Weile sind aber nur die bedrohlich wirkenden Augenpaare zu sehen. Die Körper tauchen bewegungslos unter der Wasseroberfläche. Mehr als drei Jahre dauert es, bis sich ein wildes Krokodil mit dieser Art von Fütterung anlocken lässt. Vom Oberdeck wird jetzt ein an einer Angelleine befestigter großer Fleischbrocken als Köder über die Köpfe gehalten. Der Reiz wirkt: Ein Tier springt und schnappt danach. Doch in diesem Moment wird auch die Leine nach oben gezogen. Nach ein paar Versuchen schießt das Reptil schließlich mit dem ganzen Körper aus dem Wasser und reißt den Köder ab.

Im bräunlich-schlammigen Wasser des Adelaide River leben diese gefährlichsten Reptilien Nordaustraliens. Das Brackwasser ist durchaus die Heimat von Salties wie Grandma oder Maraca. Leistenkrokodile werden bis zu sechs Meter lang. Es sind die größten Krokodile unserer Zeit. Der eigentliche Lebensraum sind Mangrovensümpfe, aber sie dringen häufig auch weit in Süßwasserflüsse ein. Selbst in großen Seen und Sümpfen des Inlandes kann man auf ein Saltie – ein Salzwasserkrokodil – treffen! Neben seiner Größe besitzt es eine Reihe von Erkennungsmerkmalen: So ist der Körper sehr breit, wie auch die große Schnauze. Die ausgewachsenen Tiere sind grau bis braun, während die Jungtiere heller sind. Nur ein Prozent des Geleges überlebt. Der größte Teil der Eier wird von Raubvögeln erbeutet oder von Hochwasserfluten weggeschwemmt.
Was viele vergessen: Der Adelaide River ist auch die Heimat von unzähligen Vögeln, darunter auch vom seltenen Weißkopfadler. Ab und zu lassen sich Wildschweine und Büffel auf den Wiesen am Fluss blicken. Die Siedlung Adelaide River wiederum hat eine interessante Geschichte. Nicht nur, weil sie während des Zweiten Weltkriegs ein wichtiger Militärstützpunkt war, mit 30 000 stationierten Australiern und Amerikanern. Der Soldatenfriedhof erinnert bis heute an die vielen Toten.
Europäer kamen erst mit den Arbeiten für die Telegrafenverbindung ins Land der Awara- und Kungarakan-Aborigines. Um 1880 legten sie ein erstes Depot an. Ein Hotel folgte und schließlich die Eisenbahn, welche die Siedlung mit Darwin verband. Für die Bahn wurde auch die signifikante Brücke über den Adelaide River gebaut.
Heute leben 300 Menschen in der Gemeinde, davon etwa 100 im Ort. Am Flussufer gibt's ein Hotel mit Restaurant, das »Adelaide River Inn«, das frischen Barramundi serviert. Und dort kann auch Charly, der mächtige Büffel aus »Crocodile Dundee«, ausgestopft bestaunt werden.

KLEINER KAKADU

Der Adelaide River entspringt im sehr schönen Litchfield National Park und fließt nördlich, um in der Timor-See zu münden. Und genau dieser Litchfield Park wird mit seinen gut 65 000 Hektar häufig als kleiner Bruder des Kakadu National Park bezeichnet, was man durchaus als Auszeichnung verstehen darf. Er ist nicht ganz so frequentiert, aber genauso schön: Die Florence Falls ergießen sich über Kaskaden in einen krokodilfreien Pool, Palmen laden zum Verweilen ein, und in Sachen Flora und Fauna steht er dem großen Kakadu National Park kaum nach.

Ranger Information Litchfield National Park
Tel. +61 (0)8 8999 4555,
www.nt.gov.au/nreta/parks/find/litchfield.html

WEITERE INFORMATIONEN ZUM ADELAIDE RIVER

Tourism Northern Territory,
Frankfurt/Main: Tel. (069) 2740 0618,
Fax (069) 2740 0640.
www.adelaideriver.com,
www.jumpingcrocodilecruises.com.au

Wenn die Sonne bei Darwin im Meer versinkt … Jachten aus aller Welt liegen im Hafen, Menschen aus 50 Nationen leben in der Stadt. Kurios: das »Daly Waters Pub« in der Umgebung. Die Beer Can Regatta am Mindil Beach von Darwin mit ihren witzigen Wassergefährten aus Bierdosen findet jedes Jahr im (deutschen) Sommer statt (rechts oben).

24 Darwin

Das Zentrum des Nordens ist tropisch, locker und heiß

80 000 Menschen aus 50 Nationen leben in der kleinen, aber doch größten Stadt des Northern Territory. Jahrein, jahraus Temperaturen zwischen 30 und 35 Grad Celsius sowie eine zeitweise hohe Luftfeuchtigkeit und sintflutartige Regenfälle während der Regenzeit von November bis April sind die Kennzeichen des tropischen Klimas um Darwin. Mit achteinhalb Sonnenstunden am Tag ist sie die sonnigste Hauptstadt des Kontinents.

Bis Darwin folgen Weite und Endlosigkeit, Kilometerfressen, eine Durststrecke: Das Land der Cattle Stations, die sich irgendwo abseits des Highway im Busch verstecken. Die Monotonie ist erschreckend und faszinierend zugleich und wird erst durch eine Ampel in Dauerrot unterbrochen: Daly Waters, ein Pub, eine Tankstelle und eine lange Geschichte. Hier tankte in den 1930er-Jahren die Fluggesellschaft Qantas ihre Maschinen auf internationalen Routen auf. Deshalb wurde der »Daly Waters Pub« eröffnet und bald mit einer Alkohollizenz versehen, um die Passagiere bei Laune zu halten. Es soll Leute geben, die noch nie im Northern Territory waren, aber schon von diesem vielleicht ältesten Pub im Outback gehört haben. Die Wände und die Decke sind voll mit Erinnerungsstücken. Zurückgelassene Büstenhalter zeugen auch von weiblichem Besuch und mancher feuchtfröhlichen Party …

Darwin, die Hauptstadt des Northern Territory, wurde 1869 als Palmerston gegründet. Palmerston ist heute ein Stadtteil beziehungsweise ein Vorort der Stadt, die im Zweiten Weltkrieg (1942) und durch diverse Stürme (vor allem 1974) mehrfach fast total zerstört wurde. Aber die Menschen sind hart am »Top End« und haben ihre Stadt immer wieder aufgebaut. Als Palmerston 1911 Hauptstadt des Northern Territory wurde, änderte man den Namen zur Erinnerung an den Naturforscher Charles Darwin. Den Anschluss an das nationale Eisenbahnnetz schaffte man aber erst 2004. Seitdem verbindet der Ghan die Stadt mit Alice Springs.
Der Weg zu allen wichtigen Städten Australiens ist sehr weit: Indonesiens Hauptstadt Jakarta liegt beispielsweise näher als Canberra. So ist es nicht verwunderlich, dass die größte Stadt des australischen Nordens für asiatische Länder mittlerweile als das Einfallstor nach

Australien gilt. Und sie ist inzwischen die Heimat von Menschen aus mehr als 50 Nationen – sowie natürlich die der Ureinwohner des Larrakia-Stammes. Darwin ist eine moderne, entspannte, multikulturelle und die heißeste Stadt Australiens. Sie liegt nahe am Äquator, wirkt wie eine tropische Oase mit einem schönen Hafen, einem abwechslungsreichen Botanischen Garten und einem lebendigen Nachtleben. Klassische Sehenswürdigkeiten sind aber rar: Zum Anschauen gibt es wenig, denn Zyklon Tracy machte 1974 fast alles kaputt. Allenfalls das Government House, das Gerichtsgebäude und die Ruine der Old Town Hall lohnen sich. Wer allerdings schon immer mal in ein Krokodil-Museum wollte: Darwin wäre der richtige Platz dafür. Im Crocodylus erfährt man alles über die Reptilien, und man sieht in der Aufzuchtstation sozusagen die Knuts dieser Spezies. Das Museum ist nicht zu verwechseln mit der rund 40 Kilometer südlich gelegenen Crocodile Farm, zu der Besucher vor allem am frühen Nachmittag fahren, wenn Fütterungszeit ist. Dritter Anziehungspunkt für Tierfreunde ist der Territory Wildlife Park, nochmals rund 15 Kilometer weiter gen Süden. Auf 400 Hektar werden heimische Tiere in natürlicher Umgebung gehalten. Besonders interessant und einen Besuch wert ist das Nachttierhaus.

Für Furore sorgte in der bekennenden Bierstadt – mit einem jährlichen Bierkonsum von mehr als 200 Litern pro Kopf – ein Weingut: Aus reifen Mango-Früchten entsteht in den Fässern der Kakadu Winery ein hervorragender Wein – trocken, halbtrocken oder lieblich. Aber deshalb reist keiner in den Norden. Alle nutzen Darwin als Ausgangspunkt für die Parks des grünen, tropischen Top End. Wobei man auch dem näheren Umland der nördlichsten Großstadt des Kontinents durchaus Beachtung schenken sollte. Zum Schwimmen locken die zahlreichen Strände, die man allerdings während der Regenzeit besser meidet. Feuerquallen bevölkern dann die küstennahen Gewässer.

DAS BIERDOSENRENNEN

Seit 34 Jahren findet stets im (deutschen) Sommer die Beer Can Regatta am Mindil Beach von Darwin statt. Dabei dürfen nur Wassergefährte an den Start, die aus Bier- oder Softdrinkdosen gebaut wurden. Die Einwohner sind bekannt für ihren hohen Bierkonsum. Dementsprechend viele Dosen fallen da an. Und als man überlegte, wie man der Dosenflut Herr werden könnte, kam – typisch Top End – die Idee mit dem Dosenrennen dabei raus … So verband sich das Nützliche – alle sammelten jetzt Dosen, statt sie wegzuwerfen – mit einem großen Spaß einmal im Jahr.

Lions Beer Can Regatta Darwin
Tel. +61 (0)4 0716 2920,
www.beercanregatta.org.au

WEITERE INFORMATIONEN ZU DARWIN

Tourism Northern Territory,
Frankfurt/Main: Tel. (069) 2740 0618,
Fax (069) 2740 0640.
www.darwineguide.com

Westaustralien ist weit weg vom Schuss, aber so beeindruckend: die Pinnacles, die gestreiften Sandsteinformationen im Hidden Valley, die Red Gorge und der Gantheaume Point bei Broome (rechts).

Western Australia

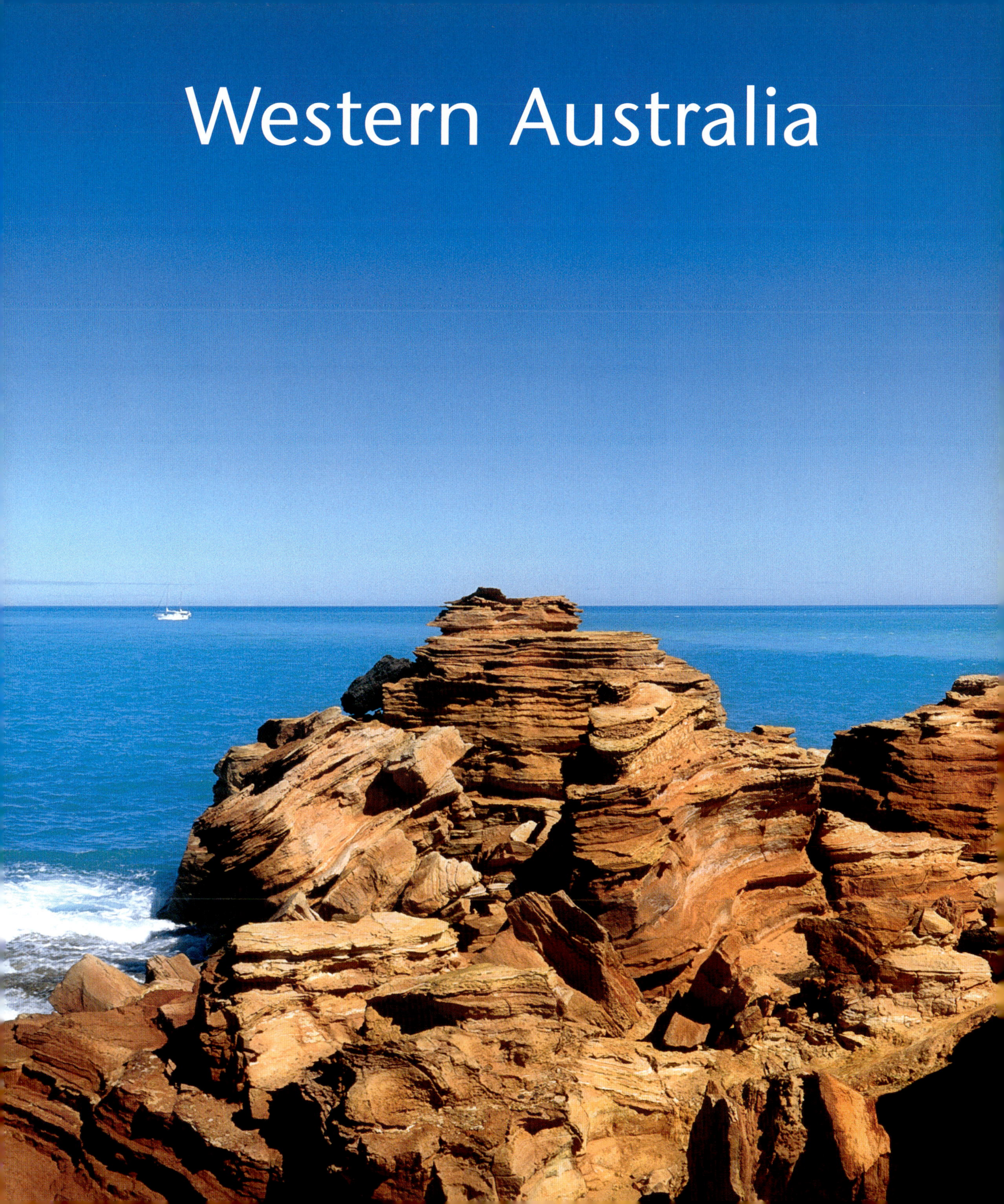

Boabbäume säumen so manche Piste in der Kimberley-Region. Blick auf die Sunday-Passage von der Derby-Anlegestelle. Mondaufgang an der Fitzroy-Kreuzung (rechte Seite).

25 Kimberley

Die Region im Nordwesten verkörpert pures Outback-Gefühl

Der mit 2,5 Millionen Quadratkilometern größte australische Bundesstaat gilt immer noch als Aschenputtel des Kontinents. Western Australia ist fast menschenleer. In der Kimberley-Region leben gerade mal 25 Bewohner pro Quadratkilometer. Dafür gibt es reichlich Sand, Busch und Fliegen, aber auch Gold, Naturphänomene und Farmen mit Dimensionen von europäischen Kleinstaaten. In Kimberley zeigt sich Australien von der eigenwilligsten Seite.

Die ersten Europäer, die in Australien anlandeten, kamen im Westen an. Sie sahen eine 12 500 Kilometer lange Küste, unendlich viel Sand, dörres Buschwerk, Milliarden von Fliegen – und verschwanden wieder. Bis heute trägt der mit 2,5 Millionen Quadratkilometern größte Bundesstaat Australiens dieses Image mit sich herum. Später wurden Gold, Edelsteine und andere wertvolle Bodenschätze gefunden, man entdeckte Naturphänomene wie die Bungle Bungles, die Pinnacles oder den Wave Rock (siehe nächste Seiten), aber nichts änderte sich am ersten Bild von Sand, Busch und Fliegen: Kimberley ist sozusagen das Mega-Outback. So führt die staubige Gibb-River-Piste über genau 667 Kilometer quer über das nordwestaustralische Hochplateau. Aber an dieser traditionellen Viehtriebroute mit einer Länge, die vergleichbar mit der Distanz zwischen München und Hannover ist, liegen gerade mal ein Dutzend Farmen.

Ein untrügliches Zeichen, dass man sich in Kimberley befindet, ist das Auftauchen des klobigen, fast schwanger wirkenden und endemischen australischen Baobabs. Eukalyptus ist sehr selten, nur vereinzelt sieht man Flaschenbäume. Zu 90 Prozent bietet Kimberley kaum mehr als rotbraune Erde, Geröll, Spinifex und einen nicht zu Ende gehenden Horizont, der überspannt wird von stahlblauem Himmel und malerischen weißen Schäfchenwolken. So zeigt sich die Landschaft zumindest während der Trockenzeit. Dann ist es so heiß, dass die seltenen Klimaanlagen oder wenigstens Eiswürfel erzeugenden Gefriertruhen zum besten Freund des Kimberley-Menschen werden.

Im Westen und Norden durch den Indischen Ozean, im Süden durch die große Sandwüste, die Great Sandy Desert, und im Osten durch das Northern Territory begrenzt, beläuft sich die Fläche der Kimberley-Region auf rund 425 000

Krokodile und Rinderherden, ein Boabbaum, der einst als Gefängnis diente. Wolfe Creek, der zweitgrößte Meteoritenkrater weltweit (rechte Seite), und echte Cowboys: Das ist Western Australia.

Quadratkilometer. Sie ist somit fast doppelt so groß wie Großbritannien. Die Population liegt aber unter 40 000 Menschen. In dieser Region müssen die Ärzte zu ihren Patienten fliegen, weil den Kranken die Strapazen des Überlandwegs nicht zuzumuten sind. Selbst den Nachbarschaftsbesuch führen gutsituierte Farmer schon mal mit dem Kleinflugzeug durch. Outback-Cowboys nutzen Helikopter, um ihr Vieh zusammenhalten zu können. Und sie denken nach Auskunft der australischen Ausgabe von »Men's Health« etwa 730 Stunden pro Jahr an Sex, haben ihn aber mangels weiblicher Gesellschaft nur für 22 Stunden jährlich.

Mit 6000 Einwohnern ist Kununurra in Relation zur Gesamtbevölkerungszahl größer als New York, Kalkutta oder Lagos. Ort des Wassers heißt der Name übersetzt, was sich auf den nahen vogel- und fischreichen See bezieht. Im Hidden Valley trifft man auf gestreifte Sandsteinformationen, und der Sonnenuntergang auf dem roten Kelly's Knob gehört zu den beeindruckendsten. Das Pendant im Westen von Kimberley ist Derby, die Stadt der Boabbäume. Einer der Bäume ist 1500 Jahre alt: Innen ausgehöhlt, diente er um 1900 als Buschgefängnis. 1885 wurde am Halls Creek zum ersten Mal in Westaustralien Gold entdeckt und Derby zum Anlandehafen von 10 000 Glücksrittern. Bald war Schluss mit friedlich, und bei zwölf Metern Baumdurchmesser auch reichlich Platz für mehr als nur zwei bis drei Halunken. Wer in der Gegend von Halls Creek ist, sollte knapp 150 Kilometer – das ist wie mal kurz ums Eck gehen im westaustralischen Outback – weiter nach Süden fahren: Der Wolfe Creek Crater ist ein fast kreisrunder Einschlagkrater mit 880 Metern Durchmesser. Er ist nach dem Barringer Crater in den USA der zweitgrößte Krater der Welt und einen Besuch wert.

Die Berge der Kimberley-Region sind alle von brauner oder roter Farbe und fast gänzlich ohne Vegetation, da die heftigen Regenfälle während der Monsunzeit das gesamte Erdreich ins Flachland, die Savannen, spülen. Von November bis April wachsen die Gräser der Savanne dann auch bis zu zwei Meter hoch. In den südlicheren Savannengebieten geht die Vegetation in eine Spinifex-Steppe über.

Dunkle Wolkenbänke türmen sich auf. Nur selten ist ein kleiner Spalt Hellgrau am dunkelgrauen Himmel zu erkennen, durch den ein Sonnenstrahl dringt. In Kimberley spricht man nicht von der Regen-, sondern von der Monsunzeit: Das heißt, der Regen kommt geballt, fortwährend und sehr stark, wie ein Wasserfall, der vom Himmel herabstürzt. Viele Siedlungen und Farmen verlieren aufgrund von Überschwemmungen jeglichen Kontakt zur Außenwelt. Ein Gebiet, so groß wie halb Deutschland, wird zu einer Seenplatte mit ein paar Inseln, den Rinderfarmen. Die Monsunzeit in Kimberley kommt einem vor wie ein Verwandter der biblischen Sintflut, nur mit dem Unterschied, dass der Monsun jedes Jahr zur gleichen Zeit herabprasselt.

Ein weiteres Kennzeichen für Kimberley ist die sehr hohe Population von Aborigines. Etwa die Hälfte der Bevölkerung sind Ureinwohner, noch heute in Stämmen und in einer strengen Hierarchie

lebend, die gegliedert ist nach Alter und Wissen. Die Stammesältesten, die Elders, bestimmen mit Autorität das Leben der Gruppe. Wobei jedes Stammesmitglied bei gegebenen Voraussetzungen die Chance hat, ebenfalls ein Elder zu werden. Die Entscheidung des Stammesältesten darüber – häufig nach gemeinsamer Beratung – ist für den Stamm bindend. Es gibt Gruppenverbände von weit mehr als 100 Personen, die sich in sesshafte und nomadische Sektionen unterteilen. Berge oder Flüsse gelten als Lebensraumgrenzen, und Grenzstreitigkeiten zwischen einzelnen Gruppierungen sind praktisch unbekannt. Was erstaunlich ist, da die Ureinwohner einst riesige Flächen benötigten, um von den Erträgen des kontrollierten Abbrennens von Land leben zu können. Dieses Fire Stick Farming ist weder Ausdruck von Unterentwicklung noch von Unfähigkeit. Es ist die in Australien entstandene Urform von Landwirtschaft. So wuchs in den vielen Jahrtausenden die Verbundenheit mit dem Land und der Erde. Und so entstand ein ungeschriebener Verhaltenskodex, der durch Tänze und Gesänge von Generation zu Generation überliefert wurde.
Die ersten Weißen, die auf der Suche nach den Schätzen der legendären Terra Australis Incognita erschienen, waren für die Aboriginal People die Seelen von Verstorbenen, die auch wieder gehen würden – was sich langfristig als verhängnisvolle Fehleinschätzung entpuppen sollte.

FARMLEBEN AUSPROBIEREN

Wenn nicht in der Kimberley-Region, wo dann sollte man auf einer echten Viehfarm übernachten, die voll in Betrieb ist, aber gleichzeitig auch Gäste aufnimmt? Die »El Questro Station« ist riesig, und sie bietet vom Zeltplatz bis zu einem schönen Zimmer mit Bad, WC und Vollverpflegung eine breite und bezahlbare Auswahl an Unterkünften. Zur Farm gehört auch eine Tankstelle, sodass man neben den Cowboys auch mit den Fahrern der Roadtrains in Kontakt kommen kann. Roadtrains sind Monsterlastkraftwagen, die mit mehreren Anhängern wie ein Zug ihre weiten Wege im Outback zurücklegen.

»El Questro Station« Kununurra
Tel. +61 (0)8 9161 4318,
www.elquestro.com.au

WEITERE INFORMATIONEN ZU KIMBERLEY

Tourism Western Australia
c/o Uschi Liebl PR, München:
Tel. (089) 7240 2920,
Fax (089) 7240 2919.
www.kimberley-australia.com,
www.kimberleytravel.com.au

Weite Grasflächen und hohe Palmen: Der Purnululu National Park ist vielfältig und bietet mehr als »nur« die Felsdome Bungle Bungle.

26 Bungle Bungle

Der Purnululu National Park – Leckerbissen für Offroader

Da steht man nun – kräftig durchgeschüttelt – und staunt. Allerdings mit geschlossenem Mund, denn die gefühlten fünf Milliarden Buschfliegen würden sich in Windeseile über die nasse Mundhöhle hermachen. Auch in den Bungle Bungles – oder Purnululu, also Sandstein, in der Aborigines-Sprache – ist ein Kopfmoskitonetz ideal. Besser wie ein Imker aussehen als die eigenartigen, 380 Millionen Jahre alten Felsdome nicht in Ruhe genießen zu können. Wie poröse Bienenkörbe sehen die inzwischen zum Nationalpark und Weltnaturerbe erhobenen Berge aus. Die Erosion hat sich tausend Wege durch das gestreifte Schichtgestein gebahnt und ein Labyrinth aus Schluchten und klammähnlichen Einschnitten geschaffen, durch die man gerade mal so eben durchpasst.

Eine anspruchsvolle Allrad-Piste führt zur kargen Bungle Bungle Range – ein Leckerbissen für Offroad-Freunde – ganz zu schweigen von der bizarren Landschaft, die am Ende des Weges wartet.

www.environment.gov.au/heritage/worldheritage/sites/purnululu,
www.westernaustralia.com

Welche Abendunterhaltung hätte man denn gerne? Filmaction im Freiluftkino von Broome oder einen gemütlichen Kamelritt entlang des Cable Beach.

27 Broome

Nette Westküstenstadt mit Verbindung zum Mond

Zu Beginn des 20. Jahrhunderts war Broome eine Hochburg der Perlentaucher. Aus diesem Grund zeigt sich die 14 000-Einwohner-Stadt bis heute als ein Konglomerat aus Japanern, Malaysiern, Europäern und natürlich Aborigines.

Viele fanden bei der gefährlichen Arbeit, nach den glänzenden Naturperlen vom Meeresboden der Roebuck Bay zu tauchen, jedoch den Tod. 600 Grabsteine auf dem japanischen Friedhof sind stumme Zeugen dafür.

Heute ist Broome ein Zentrum des Tourismus, vor allem für Rucksackreisende, die den 20 Kilometer langen Cable Beach genießen und sich über die enormen Gezeiten wundern: Zehn bis zwölf Meter Tidenunterschied werden an der Küste gemessen. Besonders in der Trockenzeit von April bis Oktober zieht sich das Wasser bei Ebbe so weit zurück, dass in klaren Vollmondnächten die sogenannte Leuchttreppe zum Mond entsteht. Dabei spiegelt sich der Mond unzählige Male in verbliebenen Wasserlaken – ein fantastisches Bild.

www.broomevisitorcentre.com.au,
www.ebroome.com

28 Hamersley

Ein von Schluchten und Naturpools geprägter Nationalpark

Unter Hamersley National Park dürfte der weitläufige Karijini National Park vielen Australien-Reisenden besser bekannt sein. Die spektakuläre Kulisse aus seit Millionen von Jahren gebildeten Formen und Formationen hat den Abstecher ins Landesinnere vom Great Northern Highway auf jeden Fall verdient. Mit mehr als 6000 Quadratkilometern ist er der zweitgrößte Nationalpark Westaustraliens. Zum einen verblüfft die Gegend mit staubtrockener, rotsandiger Halbwüste und Steppe sowie zum anderen mit seinem Hochplateau, das durchzogen wird von windungsreichen Flussläufen, in die Tiefe stürzenden Wasserfällen und daraus entstandenen Naturbassins mit klarem Wasser, was für eine beinahe tropische Vegetation sorgt. Die Bergkette Hamersley und besonders der Mount Meharry mit 1245 Metern Höhe ragen wie uneinnehmbar aus der weiten Pilbara-Ebene hervor. Die Zufahrtsstraßen sind geteert, die Nationalparkstraßen hingegen Schotterpisten.
www.australianexplorer.com/karijini_national_park.htm,
www.westernaustralia.com

Riesige Termitenhügel sind nicht nur für den Hamersley National Park kennzeichnend. Ganz typisch dagegen ist die tiefe Red Gorge.

29 Wave Rock

Unglaubliche 2,7 Milliarden Jahre alt und topmodern

Mehr als nur Busch, Sand und Fliegen bietet der Wave Rock, rund 350 Kilometer östlich von Perth und damit vom Indischen Ozean entfernt. Was aussieht wie eine Riesenmeereswelle, die irgendwann plötzlich zu Granit erstarrte, ist in Wahrheit eine durch Erosion und Verwitterung gebildete Gesteinsformation, die sagenhafte 2,7 Milliarden Jahre alt ist. Nicht von ungefähr gehört sie mit 15 Metern Höhe und 110 Metern Länge zu den beliebtesten Naturattraktionen in Australien: Knapp 150 000 Besucher nehmen den fast vierstündigen Weg von Perth nur für diese Welle in Kauf. Seit 1998 gibt es sogar ein Resort mit Restaurant und ein Informationszentrum. Die Wellenform geht auf die Schlagseite des Regens zurück. Das herunterlaufende Wasser wusch im Laufe der Jahrmillionen den Felsen aus, als hätte es in der weiten Ebene einen topmodernen Skatepark schaffen wollen. Chemische Prozesse gaben dem Wave Rock die charakteristischen, von oben nach unten verlaufenden Streifen: Karbonate in Schwarz, Eisen in Rot.
http://waverock.com.au

Keine Welle für Wasserratten, aber ein Naturphänomen: Der Wave Rock ist spektakulär, was aber auch für die Hippo's Yawn Rock Formation gilt.

Die Delfine von Monkey Mia lassen sich tatsächlich streicheln, erwarten dafür aber auch eine Belohnung. Rechte Seite: So sehen die Shark-Bay-Stromatolithen aus.

30 Shark Bay

Keine Haie, aber zutrauliche Delfine

Auf den ersten Blick sieht das Weltnaturerbe langweilig aus: Die Shark Bay wird von einer flachen Einöde umgeben. Was die UNESCO zur Auszeichnung bewog, war auch nicht der Delfinspielplatz Monkey Mia, sondern die in dieser Bucht entdeckten Lebensformen. Doch die Touristen interessieren sich weniger für Stromatolithen oder Herzmuscheln, sondern mehr für Angie, Nicki und Co., die Delfine von Monkey Mia.

Für Biologen muss die Shark Bay ein Mekka sein: Sie finden dort Lebewesen, die es schon vor drei Milliarden Jahren gegeben hat. Die Stromatolithen in Hamelin Pool, dem südlichen Teil des zum Landesinneren gelegenen Arms der Shark Bay, werden von Mikroben gebildet und sind die ältesten bekannten Lebewesen der Erde. Monkey Mia, weiter nördlich gelegen, muss den Wissenschaftlern dagegen vorkommen wie ein Streichelzoo.

Tatsächlich schwimmen fast täglich bis zu zehn wilde Delfine bis ins knietiefe Wasser, um sich füttern zu lassen. Das hört sich nach Aquafunpark an, ist es aber nicht. Obgleich man einen Obolus entrichten muss und alle Besucher nach Anweisung fein säuberlich aufgereiht bis zur Wade im Wasser stehen, gilt immer noch die Prämisse: Angie ist ein wilder Delfin, der freiwillig kommt, Captain Cook auch und Nicki und Piccolo und wie sie alle heißen. Es gibt keine Absperrungen, Käfige oder Ähnliches. Aber gegen acht, neun Uhr am Morgen knurrt den freien Delfinen offensichtlich der Magen, und sie schwimmen nach Monkey Mia, um sich von Rangern füttern zu lassen. Die kennen ihre Pappenheimer genau. An der Rückenflosse sehen sie, welcher der handzahmen Freunde heute auftaucht. Umgekehrt gilt Ähnliches: Die Besucher interessieren die Delfine nicht. Wichtig ist nur, wer den Fisch hat. Und das sind die Ranger. Deswegen folgen sie ihnen auch, wenn sie langsam im Wasser an den vielen Menschen vorbeilaufen, damit jeder einen Delfin aus der Nähe sehen kann. Das wiederum wissen auch die Brillenpelikane, die auf die eine oder andere schnelle Beute lauern. Besonders wenn einer der Zuschauer füttern darf und der Fisch dann schnell mal aus der Hand gleitet. Gefüttert werden übrigens ausschließlich Fische, die in den Gewässern leben, damit die netten Flipper

von der Shark Bay mit der Zeit ihren Instinkt nicht verlieren.
Das Streicheln der scheinbar mit einem Lächeln auf den Lippen zur Welt gekommenen Delfine ist nicht erwünscht. Auf keinen Fall sollte man die Tiere am Kopf oder an den Flossen berühren, wenn dann nur unter der Schnauze oder am Bauch. Da die Delfine wild bleiben sollen, wird kein Tier zweimal am Tag gefüttert. In seltenen Fällen kommt auch mal gar kein Delfin zum Fischeabholen angeschwommen.
Was durch Zufall begann – keiner weiß genau, warum sich die Delfine die Shark Bay als Spielplatz ausgesucht haben –, ist heute eine Touristenattraktion: Jeder, der in Westaustralien herumreist, fährt auch nach Monkey Mia. Die Ranger sagen, dass in den 1960er-Jahren die Fischer einen Delfin, den sie Old Charly nannten, immer nach einem guten Fang gefüttert hätten, was dann bald seine Artgenossen angezogen habe.
Das Phänomen ist nicht unbekannt. Auf den Cayman Islands wird Ähnliches mit Rochen beobachtet. Angefangen hat es mit Stingray City vor 52 Jahren, als ein gewisser Captain Marvins, heute 87 Jahre alt, mit anderen Fischern auf einer Sandbank den Fang putzte und Fischreste ins Meer warf. Das passierte fast jeden Tag, und jeden Tag kamen mehr Stingrays, um die leichte Beute zu fressen. Dann nahm Marvins Freunde mit, und schließlich bezahlten Touristen für dieses einmalige Spektakel.
Nördlich von Monkey Mia kann man noch den François Peron National Park besuchen. Der Park ist benannt nach einem französischen Zoologen, der Anfang des 19. Jahrhunderts wissenschaftliche Expeditionen nach Süd- und Westaustralien machte. Die roten Sanddünen erzeugen beeindruckende Kontraste zum Blau des Meeres, zum Grün der umgebenden Vegetation und zum Weiß des Strandes.
Dort liegt einer der seltenen Plätze, an dem die roten Sanddünen, die ja auch charakteristisch für das Landesinnere sind, direkt bis ans Meer reichen. Aber der Park ist auch Heimat für jeweils rund 100 Reptilien- und Vogelarten. Das Gebiet zählt zu den bedeutendsten Naturreservaten Australiens, in dem auch bedrohte Tierarten leben.
Die beste Zeit für einen Besuch der Gegend um die Shark Bay ist zwischen April und Oktober, wenn die Winde nicht zu stark sind und sich die Temperaturen nicht stetig oberhalb der 30-Grad-Marke einpendeln. Im australischen Sommer kann es dort wirklich extrem heiß werden. Schließlich sollte man nicht vergessen: Die Region eignet sich sehr gut für einen schönen Strandurlaub, denn so manchen Strand in dieser Ecke hat man ganz für sich alleine.
Die westliche Landzunge, welche die 10 000 Quadratkilometer große und recht seichte Shark Bay zum Indischen Ozean abgrenzt, stellt den westlichsten Punkt des australischen Festlandes dar. Dort legte Dirk Hartog 1616 mit seinem Segelschiff »Eendracht« an und betrat wahrscheinlich als erster Europäer australischen Boden. Heute schippert ein zeitgenössischer Katamaran namens »Eendracht« Touristen durch die Bucht.
Das Besucherzentrum ist die westlichste Stadt Australiens, das 1895 gegründete

DIE KUH ZUM FLIPPER

Neben den berühmten Delfinen von Monkey Mia kommen in die Shark Bay aber auch 10 000 Dugongs, mächtige Seekühe, die in den Sommermonaten am Eagle Bluff in großen Herden auftauchen. Angezogen werden sie von einer der ausgedehntesten Seegrasflächen weltweit. Dort weiden sie ausgiebig, wenn sie in die Nähe der Küste um die Shark Bay kommen. Die Zahl dieser Shark-Bay-Dugongs entspricht ungefähr zehn Prozent der Dugong-Population in der Welt. Die stattlichen Wesen werden bis zu vier Meter lang, bei einem Gewicht von durchschnittlich 400 Kilogramm; bei Spitzenwerten, die um das Doppelte liegen.
Shark Bay Tourist Centre Denham
Tel. +61 (0)8 9948 1253,
www.monkey-mia.net/dugong.htm

WEITERE INFORMATIONEN ZUR SHARK BAY

Tourism Western Australia
c/o Uschi Liebl PR, München:
Tel. (089) 7240 2920,
Fax (089) 7240 2919.
www.sharkbay.wa.gov.au,
www.monkeymia.com.au

An Land wartet der übliche Outback-Alltag mit Rasthaus, Telegrafenstation, aber auch mit zarten gelben Wildblumen. Ein Delfin in Monkey Mia, so als grinse er die Menschen an (rechte Seite).

Denham, das mit 280 Sonnentagen im Jahr glänzt. Auf der lang gestreckten Halbinsel Peron gelegen, hat das 1200-Einwohner-Städtchen stark davon profitiert, dass die UNESCO die Shark Bay 1992 zum Weltnaturerbe der Menschheit auserwählt hat. Zunächst wehrte man sich dagegen, da Einbußen im Fischereigeschäft vermutet wurden, doch Canberra setzte sich gegen die regionalen Interessen durch.

Es stimmt zwar nicht immer, dass dort, wo es Delfine gibt, keine Haie zu finden sind, doch trotz des Namens Shark Bay kommen Haie in der Haifischbucht nur selten vor. Dafür sieht man mit etwas Glück Meeresschildkröten, Seeschlangen und auch Rochen. Am schneeweißen Shell Beach kommen dann wieder die Biologen auf ihre Kosten, wo auf einer Länge von fast 100 Kilometern Millionen winziger Herzmuscheln den Wissenschaftler erfreuen. Die Muschelschicht beträgt drei bis vier, manchmal bis zu zwölf Meter! Da sie ständig anwächst, werden die Muscheln auch zum Bau von Fußwegen oder als Baumaterial für Häuser verwendet. Letztlich sind auch die eingangs erwähnten Stromatolithen lebendiges Baumaterial. Bakterien und einzellige Blau- und Grünalgen, die für das menschliche Auge nur unter dem Mikroskop sichtbar werden, bauen aus Nährstoffen und Sedimenten felsenähnliche Türmchen, die ein wenig an überdimensionierte und versteinerte Pilzkulturen erinnern. Wie gesagt: Stromatolithen sind eher etwas für Forscher …

150 000 Pinnacles ragen im Nambung National Park aus der braunen Erde. Wind und Wetter haben die Kalksandsteintürmchen in Tausenden von Jahren geformt. Rechts oben ein Walhai.

31 Pinnacles

Der Nambung National Park und seine rätselhaften Säulen

Ein Kaleidoskop von Formen und Sandtönen ragt etwa 200 Kilometer nördlich von Perth in den Himmel. Die Pinnacles sind bis zu fünf Meter hoch, aus Sandstein, und von Wind und Wasser so skurril geformt worden. An der Schnittstelle von Wüste und Sonnenküste, in der Nähe des Orts Cervantes, gehört der 175 Quadratkilometer große Nambung National Park zum Pflichtprogramm für Westaustralien-Reisende.

Kein Baum steht da. Nur ein paar Sträucher wiegen sich im Wind. Aber in dieser Ebene stehen geschätzte 150 000 Kalksandsteintürmchen, die alle Welt die »Pinnacles« nennt. Kein Steinmetz dieser Erde hätte sie vollendeter modellieren können. Mutter Erde hat ganze Arbeit geleistet: Sie schickte Wind und Wasser in Form von Regen los und schuf ein großes Landschaftskunstwerk. Vermutete Arbeitszeit: zwischen 15 000 und 80 000 Jahren. Die Experten wollen sich nicht genauer festlegen. In geologischen Maßstäben gerechnet ist das zwar ein recht zartes Alter, aber fürs menschliche Hirn dennoch so unfassbar wie andernorts 15 Millionen oder gar drei Milliarden Jahre, wie im Fall der Stromatolithen in der Shark Bay (siehe Seiten 102 ff.). Sicher ist dagegen, dass die Pinnacles ihre Existenz den Wanderdünen zu verdanken haben. Sie legten pro Jahr etwa zweieinhalb Meter zurück und dadurch die Kalksteinschichten frei. Nur die extrem harten Bereiche hielten der Erosion stand: Die heutigen Pinnacles, die bis zu vier, in seltenen Fällen sogar bis zu fünf Meter hoch sind. Der Nambung National Park wird deshalb auch häufig nur verkürzt als Pinnacle Desert bezeichnet, obgleich die Fläche mit all den Türmchen nur vier Quadratkilometer ausmacht und sich der Rest über weitere 171 Quadratkilometer erstreckt.

Die Anmutung der Pinnacles setzt der Fantasie keine Grenzen. Wer vom Zentrum kommt, sieht sich an bizarre Termitenhügel erinnert. Wer erst kürzlich einen Science-Fiction-Film gesehen hat, denkt an eine perfekte Kulisse für Außerirdische oder die Erde nach einer weltumspannenden Katastrophe. Dritte sehen die in ockerfarbene Töne getauchte Landschaft als riesiges Atelier. Die ersten weißen Menschen entdeckten die Pinnacles durch Zufall. Ein paar Rinder waren am Nambung River ausge-

büchst. Die Männer verfolgten die Spuren und landeten in der Pinnacle Desert. Das war 1849. Mehr als 100 Jahre später, 1968, wurde das Gebiet dann zum Nationalpark erklärt. Ein fünf Kilometer langer Rundweg führt durch die Säulenlandschaft, die 17 Kilometer vom Meer entfernt liegt. Bester Platz, um einen Überblick zu bekommen, ist der Pinnacles Lookout, von dem man auch erkennen kann, dass die Dünen die frühere Küstenlinie des Indischen Ozeans markierten. Vor etwa 20 000 Jahren sank der Meeresspiegel um einige Meter ab, und der Wind türmte den Sand des trockengelegten Meeresbodens auf. Heute unterscheidet man zwischen den schneeweißen Wanderdünen aus kalkreichem Sand, die von Heidevegetation umgeben sind, die im Frühling lila blüht, sowie den im Landesinneren angesiedelten Spearwood-Dünen aus bräunlichem Quarzsand, aus denen die Pinnacles entstanden sind. Umgeben ist dieses Dünengebiet von Buschland. Die dritte und auch älteste sowie am weitesten vom Meer entfernte Dünenlinie sind die Silizium-Dünen, wo auch eine der zahllosen Eukalyptus-Arten gedeiht.
Tiere sieht man nur wenige im Park: vereinzelt ein paar Riesenkängurus und Emus, Possums und der harmlose Teppichpython. Die meisten anderen Tiere sind ausschließlich nachtaktiv.
150 000 Besucher wollen vornehmlich die Zauberwelt aus Kalksandstein persönlich in Augenschein nehmen. Aber neben Sandsteintürmen und Sanddünen, ein paar Tieren und den vor allem im Frühling blühenden Wildblumen gibt es auch Möglichkeiten zum Schwimmen und Fischen im Park: Dazu bieten sich besonders die weißen Strände von Kangaroo Point und die Hangover-Bucht an. Aber es stehen keine Unterkunftsmöglichkeiten, nicht einmal ein Campingplatz, zur Verfügung. Zum Übernachten muss man zurück nach Cervantes fahren. Der 500-Einwohner-Ort wurde erst 1962 gegründet und gehört damit zu den jüngsten Gemeindesiedlungen in Westaustralien.

MIT DEN GRÖSSTEN TAUCHEN

Das riesige Ningaloo Reef liegt von allen großen Riffen der Welt der Küste am nächsten. Von März bis Mai tummeln sich dort Whale Sharks, die mächtigsten Fische der Welt. Sie werden mehr als zwölf Meter lang und wiegen um die elf Tonnen. Das Schönste: Sie schwimmen so nah an der Küste vorbei, dass selbst Schnorchler mit den Giganten mitschwimmen können. Den wunderbaren Ningaloo Marine Park verbindet man sinnvollerweise mit dem Karijini National Park (siehe Seite 101). Beste Ausgangspunkte zum Riff sind die Orte Coral Bay und Exmouth.

Visitor Centre Exmouth
Tel. +61 (0)8 9949 1176,
www.exmouthwa.com.au

WEITERE INFORMATIONEN ZU DEN PINNACLES

Tourism Western Australia
c/o Uschi Liebl PR, München:
Tel. (089) 7240 2920,
Fax (089) 7240 2919.
www.australianexplorer.com/nambung_national_park.htm,
www.westernaustralia.com

Schöne Kontraste: Cappuccino Strip in Fremantle, Swan Bells Tower in Perth und die Skyline der Millionenstadt, die täglich mit zwölf Stunden Sonne verwöhnt wird.

32 Perth

Die abgeschiedenste Millionenstadt auf dieser Erde

Australiens drittgrößte Stadt zählt rund 1,4 Millionen Einwohner. Adelaide, die nächstliegende Großstadt, liegt knapp 3000 Kilometer in östlicher Richtung entfernt. Zwischen Meer und Wüste stehen Wolkenkratzer, in denen Finanz- und Handelsgeschäfte abgeschlossen werden, und es gibt beinahe täglich zwölf Stunden lang Sonne – zum Segeln, Schwimmen, Faulenzen. Perth ist eine typisch australische Stadt.

Vom Weltall aus gesehen soll Perth die einzige Großstadt der Erde sein, die man nachts exakt identifizieren kann, weil sich die Lichter der Stadt so klar abheben von den Tausenden Kilometern Dunkel in der Umgebung. Es ist die drittgrößte Stadt des Kontinents, und 1,4 der zwei Millionen Westaustralier leben in Perth. Eine Großstadt mit Hochhäusern, wie so viele auf der Welt, fast gesichtslos, fast austauschbar, wenn da nicht das Umland wäre, mit einem Rattennest als schönstem Platz. Holländische Seefahrer vergaben den Namen, weil sie fälschlicherweise Quokkas, kleine Felsenkängurus, für große Ratten hielten. Rottnest Island, 19 Kilometer vor Perth gelegen, ist elf mal fünf Kilometer klein, bis auf ein paar Cottages unbewohnt und hat das, was man Traumstrände nennt. Der Autor des »50 Highlights Australien«-Bandes ist leidenschaftlicher Sandsammler. Von überall auf der Welt kommt ein wenig Sand in kleinen Döschen mit nach Hause. Und der direkte Vergleich in München ergab: Kein Sand ist weißer – man verzeihe den nicht korrekten Superlativ in diesem Fall – als der von Rottnest Island! Weder Bora Bora in der Südsee noch die Malediven, weder Brasilien noch irgendeine Karibik-Insel, weder Europa noch Afrika, weder Thailand noch Neuseeland haben etwas Weißeres zu bieten! Der Rottnest-Sand ist sozusagen wie nach einer 95-Grad-Wäsche persilweiß.

Da die Insel frei von Motorfahrzeugen ist, erradelt man sich sein Paradies am besten: Es ist so flach wie eine Flunder. Taucher palavern über die elf Wracks vor der Insel, Surfer ergötzen sich an den Wellen in der Strickland Bay, Strandliebhaber tun nichts anderes, als im weißesten Sand der Erde zu schlummern und diesen durch die Finger rinnen zu lassen. Der Ort wurde 1829 von den Briten gegründet, um die Franzosen von der Besiedlung des australischen Westens

abzuhalten. 1856 benannte man den Außenposten dann Perth, und 34 Jahre später kam der Goldrausch auch am dortigen Swan River an. 1980 meldete die Hauptstadt Westaustraliens den modernen Geldrausch: Am Swan River leben die meisten Millionäre des Kontinents – mehr als in Sydney, mehr als in Melbourne, das mag etwas heißen. Und dabei sollte man nochmals die abseitige Lage betonen. Perth liegt weiter von Sydney entfernt als von Indonesiens Hauptstadt Jakarta …

Das Zentrum selbst beherbergt gerade mal 10 000 Einwohner, aber jede Menge Banken, die Börse, Shopping-Center, das Vergnügungsviertel Northbridge und natürlich das Landesparlament. Alles gruppiert sich weitgehend entlang dem Swan River, der sich dort zu einem See erweitert, wo sich die modernen Glas- und Betonbauten angesiedelt haben. Darunter das größte Gebäude Central Park mit 226 Metern und die Bank West mit 214 Metern Höhe. Die Wolkenkratzer ersetzten leider auch so manches Gründerzeitgebäude. Zu den letzten verbliebenen schönen alten Häusern der Stadt gehören das Old Courthouse, gebaut 1836 und damit das älteste Gebäude von Perth, das Government House von 1864, die Town Hall von 1867, die Deanery von 1859 oder His Majesty's Theatre aus dem Jahr 1904. Von den Aborigines wird Perth »Alunga« genannt, was Ort mit viel Sonne bedeutet: bei zwölf, manchmal 14 Stunden Sonne pro Tag eine angemessene Übersetzung. Im Ballungsgebiet der Stadt wohnen 1,8 Millionen Menschen auf einer Fläche von 5500 Quadratkilometern. Das sind 90 Prozent aller Westaustralier auf der sechsfachen Grundfläche von Berlin. Die Metropolitan Area Perth besteht aus insgesamt 30 Kommunen mit eigenen Verwaltungen. Auch der schicke, mit viktorianischen Gründerzeitbauten gespickte Vorort Fremantle ist eine eigenständige Stadt – und ihr Hafen der Ausgangspunkt nach Rottnest Island.

STAUNEN UND BEDAUERN

Australiens Premierminister Kevin Rudd entschuldigte sich kurz nach seiner Amtsübernahme bei den Aborigines: Das Bedauern der australischen Nation über die verfehlte Ureinwohner-Politik soll helfen, »einen großen Fleck von der australischen Seele« zu entfernen und dazu führen, »dass die Ungerechtigkeit der Vergangenheit niemals, niemals wieder passieren darf«. Westaustralien war bezüglich Aborigines-Verfolgung und -Diskriminierung früher besonders rigide. Deshalb sollte man das Berndt Museum of Anthropology mit einer der besten Sammlungen von Australian Aboriginal Art nicht versäumen.

Berndt Museum of Anthropology Perth
Tel. +61 (0)8 6488 6000,
www.berndt.uwa.edu.au

WEITERE INFORMATIONEN ZU PERTH

Tourism Western Australia
c/o Uschi Liebl PR, München:
Tel. (089) 7240 2920,
Fax (089) 7240 2919.
www.cityofperth.wa.gov.au,
www.westernaustralia.com

Zug fahren heißt, sich Landschaften und Menschen langsam zu nähern. Das weiß auch der Indian-Pacific-Steward, der im Lounge-Waggon serviert. Einer der Stopps ist Kalgoorlie.

33 Indian Pacific – einmal querdurch

Der Zug der Superlative verbindet Perth und Sydney

Der Indian Pacific gehört zu den berühmtesten Eisenbahnen der Welt, nicht zuletzt, weil er eine der letzten Transkontinentalrouten dieser Erde befährt – und man dabei zwischen zwei Meeren auf Achse ist, dem Indischen und dem Pazifischen Ozean. Für die 4352 Kilometer lange Strecke benötigt der Reisende, inklusive der vier Zwischenstopps, 65 Stunden – und die Lok schluckt dabei 6945 Liter Diesel.

3500 Arbeiter schaufelten mehr als fünf Millionen Kubikmeter Erde und verlegten 127 000 Tonnen Stahlschienen. Und das in einer der verlassensten Regionen der Erde – ohne Schatten, feste Behausung und frisches Wasser. Angetrieben von 3300 Pferdestärken durchquert der Zug mit den silbern glänzenden und unverwüstlichen Edelstahlwaggons fahrplanmäßig je zweimal pro Woche den australischen Kontinent: von Perth nach Sydney und umgekehrt. Er verbindet den Indischen mit dem Pazifischen Ozean, was ihm den Namen gab. An Haltestellen mitten in der Wüste steigen Passagiere zu, manchmal auch nur ein einzelner Fahrgast. Der Indian Pacific ist für diese Leute die Verbindung zum Rest der Welt: staubig-schmuddelige Buschies, Cowboys, Minenarbeiter, komische Käuze, eigenwillige Dritte-Klasse-Passagiere.

Vorne sieht es anders aus: Die Fahrgäste der ersten Klasse genießen im weichen Federbett das Frühstück nebst Naturschauspiel wie im klimatisierten Breitwandkino: Der schmale Streifen am Horizont scheint endlos lang zu sein. Zunächst seidenfadendünn, wird er von Minute zu Minute dicker und ändert seine Farbe von Dunkelrot in Ockergelb. Die Sonne geht auf. Das Buschwerk wird erhellt. Die schwarzen Silhouetten der Bäume gewinnen an Grün. Und der Himmel bekommt langsam sein gewohntes Azurblau. Der Wagensteward serviert Tee oder Kaffee und Shortbread, feine Butterkekse nach britischem Rezept – nach einer geruhsamen Nacht ein angenehmer Auftakt für einen neuen Tag auf Schienen.

Für die einen ist der Zug Fortbewegungsmittel im ursprünglichen Sinn, für die anderen Touristenattraktion. Auf der Fahrt durch drei Zeit- und Klimazonen liegen Großstädte wie Adelaide, grüne Landschaften wie die Blue Mountains und auf langen Abschnitten Wüste mit rotbrauner Erde, Geröll, Spinifex und einem nicht zu Ende gehenden Hori-

zont. Man bekommt ein gutes Zeitgefühl für diese riesige Strecke durch menschenfeindliches Gelände. So manche Siedlung verdankt der silbernen Zuglegende die Existenz auf der Landkarte. Wenn der mehr als einen halben Kilometer lange Indian Pacific einläuft, kommt Abwechslung in den Alltagstrott. In Cook zum Beispiel: Mitten auf der Nullarbor Plain, der baumlosen Ebene, gelegen, steht nur ein Dutzend Häuser, weil es eine kleine Bahnstation gibt mit Wassertanks und Diesel für die Lok. 6945 Liter benötigt sie für die längste australische Bahnstrecke. Viele der Passagiere nutzen den 20-minütigen Aufenthalt, um auszusteigen und einen Blick auf die längste schnurgerade Eisenbahnstrecke weltweit zu werfen.
Jackett, Krawatte und das kleine Schwarze kann man zu Hause lassen – sogar zum Dinner: Die Australier lieben es leger, während zwischen Süppchen und Huhn in Rotweinsoße draußen das australische Outback vorbeifliegt. »110 macht sie an nicht so heißen Tagen oder abends«, sagt einer der beiden Lokführer über seine Zugmaschine. »In der Regel fahren wir aber um die 70 bis 80 Kilometer pro Stunde.« Die Crews werden jeweils in Adelaide ausgetauscht, die Verpflegung hauptsächlich dort gebunkert: für 4352 Kilometer, 65 Stunden Fahrt und 24 Gänge bei acht Mahlzeiten. Kontrolliert wird die Eisenbahnstrecke täglich von verschiedenen Stützpunkten aus. Kleine Defekte werden sofort behoben. Für größere Reparaturen wird Verstärkung herbeigeholt. Falls ein Zug trotz aller Vorkehrungen durch Unwetter oder durch einen Triebwerksschaden im Outback stecken bleibt, »besteht kein Grund zur Panik«. Der Zug-Manager steht in ständigem Kontakt zur nächsten Versorgungsstation. »Wir können bequem warten, bis Hilfe kommt«, behauptet er, »mehr als 14 Stunden mussten unsere Kunden bislang noch nie einen Notfall miterleben.« Zur Not fliegt man die Passagiere auch aus.

BITTE AUSSTEIGEN

Draußen geht die Sonne unter. So grellrot, wie sie nur in der Wüste untergehen kann. Bei Golden Ridge glänzen die ersten Bohrtürme im Abendrot. Die Goldsucherstadt Kalgoorlie ist nicht mehr weit: a Man's World, harte Arbeit in den Minen, süße Vergnügungen in der Hay Street. Bikini-Mädchen schenken am vollbesetzten Tresen Bier aus und werden genussvoll angegafft, breite Straßen dienen für wenige Autos als Rennstrecke, und die Hitze der Nacht scheint von einem riesigen Föhn zu stammen, den jemand vergessen hat abzustellen … Diesen 30-Minuten-Stopp des Indian Pacific muss man zu einem Bummel nutzen!

Visitor Centre Kalgoorlie
Tel. +61 (0)8 9021 1966,
www.kalgoorlietourism.com

WEITERE INFORMATIONEN ZUM INDIAN PACIFIC

Great Southern Rail, 422 King William Street, Adelaide SA 5000, Tel. 1321 47,
salesagent@gsr.com.au,
www.gsr.com.au

Prost und herzlich willkommen in Südaustralien, dessen Zentrum Adelaide ist und dessen Aushängeschilder Kangaroo Island und der Flinders Chase National Park sind.

South Australia

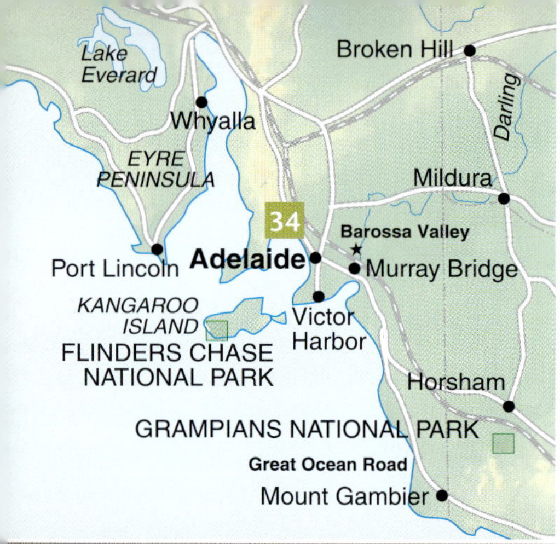

Südaustraliens Hauptstadt kann mit altmodisch-modern beschrieben werden, angesiedelt zwischen alter Tram und jungem Festival Centre. Oben der lang gestreckte Glenelg Pier.

34 Adelaide

Die Großstadt bietet überraschende Kultur am Wüstenrand

Nach der in Thüringen geborenen englischen Königin Adelaide ist die hübsche Küsten-Kunst-Metropole benannt. Das moderne Festival Centre erinnert mit seinem Zeltdach ein wenig an Sydneys Opernhaus. Stolz trägt die Hauptstadt Südaustraliens auch Beinamen wie Festival City oder City of Churches. Sie hat zwar nur einen kleinen Stadtkern, zählt aber trotzdem etwas mehr als eine Million Einwohner.

Adelaide mischt, als Konkurrentin von Melbourne, geschäftige Betriebsamkeit mit einem entspannten kulturellen Angebot, das sich mit Sydney messen will. Das Kulturzentrum umfasst mehrere Theater und Bühnen, ist aber auch Schauplatz von landesweit bekannten Festivals mit Theater, Oper, Ballett und Ausstellungen. So zieht das Adelaide Festival of Arts, aber auch das Glenelg Jazz Festival sogar Künstler von Weltrang an. Das South Australia Museum ergänzt das reichhaltige Kulturangebot durch eine Kollektion von Aborigines-Kunst. Noch authentischer ist jedoch das Tandanya Aboriginal Cultural Centre, wo man auch zeitgenössische Aborigines-Kunst und -Kultur sehen und erleben oder auch im kleinen Café nur einen Emu-Burger essen kann. Alle Einnahmen kommen jedenfalls hilfsbedürftigen Ureinwohnern zugute.
In Adelaide ist man sehr stolz auf seine Museen, Galerien, Theater und Festivals, aber auch auf die Einkaufszentren, Straßencafés und Restaurants. Glenelg bietet dazu schöne Sandstrände sowie Wassersportmöglichkeiten direkt am Golf von St. Vincent und ist per Straßenbahn zu erreichen. An Sonn- und Feiertagen wird noch die historische Tram eingesetzt, die ab Victoria Square gemächlich gen Südosten zum Meer ruckelt, wo man in der Nähe der Endstation das Shark Museum von Rodney Fox findet. Er hat eine Attacke eines der vor Adelaide besonders häufig vorkommenden großen Weißen Haie überlebt. Maslin Beach, etwas weiter südlich, wurde zudem als erster australischer Strand mit FKK-Bereich ausgewiesen. Auch das gibt es also inzwischen im sonst so prüden Australien.
Im Gegensatz zu vielen anderen australischen Städten geht Adelaide nicht aus einer Sträflingskolonie hervor. 1627 wurde Südaustralien erstmals kartografiert, um 1800 weiter erforscht und 1837 ein Ort am River Torrens als regionale Hauptstadt ausgesucht: Colonel William Light sind auch die breiten

Straßen im immer noch erkennbaren Schachbrettmuster zu verdanken. Von seinem Denkmal blickt der Stadtgründer bis heute auf sein Werk, das der Besucher besonders gut vom Mount Lofty Lookout sehen kann, dem höchsten Berg mit einer Höhe von 710 Metern, der im Osten der Stadt liegt.
Kurz darauf, in den 1840er Jahren, fand man Silber und Kupfer, was zu einem ersten Wirtschaftsboom führte. Schon damals entwickelten sich etwa 30 Vorstädte. Und bis heute besteht die Millionenstadt eigentlich nur aus einem kleinen Stadtkern, der innerhalb des Parkrings liegt. Doch rechnet man jetzt bereits mit etwa 250 Orten, die zum städtischen Bereich gezählt werden. Nur so kommt die Hauptstadt des Festival State über die Millionengrenze. Der Parkring umschließt das alte Stadtzentrum, das im 21. Jahrhundert der Finanz- und Geschäftsdistrikt ist. Der Park selbst ist bis zu 600 Meter breit und bietet den Einwohnern Sportplätze, Spazier- und Fahrradwege, Grillanlagen sowie weitere Freizeiteinrichtungen.
South Australia ist so etwas wie die große Unbekannte des Fünften Kontinents. Das fängt mit den Grenzen und beim Namen an: Wo beginnt Südaustralien eigentlich – und wo hört es auf? Die Antwort: S.A. hat enorme Reichweiten und Unterschiede, vom Weinanbau in grünen Tälern bis zur Opalförderung im staubigen Outback, von Adelaides enormem Kulturangebot bis zum einzigartigen Kangaroo Island. Auf der Gesamtfläche von knapp einer Million Quadratkilometern, das sind rund 13 Prozent Australiens, wohnen 1,5 Millionen Menschen, wobei drei Viertel in und um Adelaide ihre Heimat haben. Neben der Millionenstadt gibt es keine weiteren Großstädte – allenfalls Städtchen: Whyalla und Mount Gambier mit mehr als 20 000 Einwohnern sind noch die größeren. Murray Bridge, Port Augusta und Port Lincoln haben lediglich 10 000 bis 20 000 Bewohner.

WO DIE KUGEL ROLLT

Adelaide hat nicht nur bemerkenswerte Kultur zu bieten, sondern auch eines der wenigen Casinos im Land. 90 unterschiedliche Gewinn- oder Verlustmöglichkeiten kann man von zehn Uhr bis in die frühen Morgenstunden ausprobieren: Roulette, Poker, Blackjack, Baccarat oder Craps sind nur ein paar Beispiele. Wer noch nicht gespielt hat: Anfänger werden dort nicht gleich angepflaumt. Im Gegenteil, das Personal hilft und erklärt sehr freundlich. Ein Grund, das Haus wenigstens von außen anzusehen. Das Casino liegt an der North Terrace und ist charmant im ehemaligen Stadtbahnhof von 1929 untergebracht.
Skycity Adelaide
Tel. +61 (0)8 8218 4214,
www.skycityadelaide.com.au

WEITERE INFORMATIONEN ZU ADELAIDE

South Australian Tourism Commission, Frankfurt/Main, Tel. (069) 2740 0633, Fax (069) 2740 0640.
www.adelaidecitycouncil.com,
www.southaustralia.de

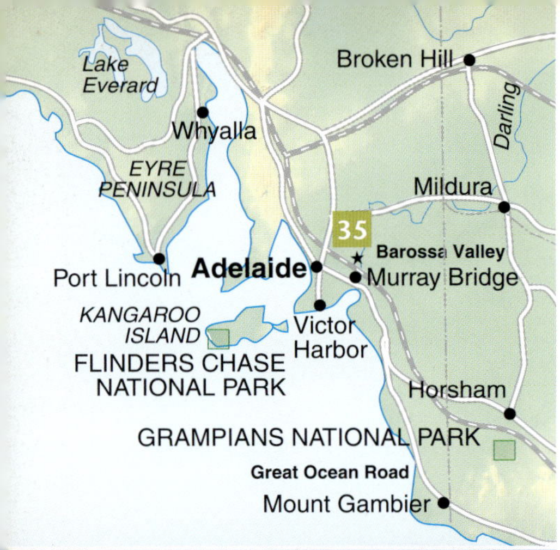

Das Barossa Valley ist nicht das älteste, aber inzwischen das berühmteste Weinanbaugebiet Australiens. Es hat deutsche Wurzeln, obwohl es einen Château Yaldara gibt.

35 Barossa Valley

Deutsche Siedler machten das Tal der Trauben weltbekannt

Wer ins Barossa Valley kommt, hat den Eindruck, in einem altmodischen Deutschland gelandet zu sein. Es gibt Streuselkuchen und Schwarzbrot, man schätzt Bräuche wie Tradition – und die Orte heißen Krondorf, Steingarten oder Gnadenfrei. Dieses Deutschlandkonzentrat wirkt auf Australier genauso exotisch wie auf deutsche Touristen. Grenzenlose Einigkeit wird jedoch stets bei einer Flasche Wein erzielt.

Beim Griff in die australischen Weinregale wird man bei jeder zweiten Flasche auf südaustralische Tropfen treffen. Denn aus S. A., so das Staatskürzel für Südaustralien, stammt mehr als die Hälfte der australischen Weinproduktion. Das Barossa Valley ist Australiens berühmtestes Anbaugebiet und bekannt für seine kräftigen, alkoholreichen Weine wie beispielsweise dunkle Shiraz. Die Traube hat mit 30 Prozent den höchsten Anteil aller angebauten Rebsorten im Tal. Es werden aber auch Weißweine gekeltert wie Riesling, Chardonnay oder Sémillon. Und neben dem Shiraz erzeugt man zudem Cabernet Sauvignon, Merlot oder die hierzulande unbekannten Grenache und Mourvedre. 400 Winzer verteilen sich auf mehrere Weinbauorte wie Tanunda, Bethany, Moculta, Penrice, Seppeltsfield, Nuriootpa und Lyndoch. Die meisten Gemeinden führen intern aber parallel noch deutsche Ortsnamen wie Hoffnungsthal oder Langmeil, was für Australier eindeutige Zungenbrecher sind. Zahlreiche deutschstämmige Winzer wie Johann Grampp oder Joseph Seppelt waren die Pioniere, die den Weinanbau Mitte des 19. Jahrhunderts in die Gegend brachten. Derzeit werden auf ca. 10 000 Hektar Trauben angepflanzt, die ein Viertel der südaustralischen Jahresproduktion an Wein liefern. Kellereien wie Lindemans, Penfolds oder Rosemount sind heutzutage weltbekannt. Auf vielen Weingütern kann man die feinen Tropfen nicht nur probieren, sondern sich auch kulinarisch verwöhnen lassen und das (schwere) Haupt in ländlich-gemütlichen Fremdenzimmern betten.
Aufgrund des Weinanbaus setzen viele Südaustralien mit fruchtbarem Boden gleich und nicht mit dem vorwiegend aus dem Northern Territory und Westaustralien bekannten, wüstenhaften Outback. Tatsächlich aber nimmt das Outback 80 Prozent der gesamten Fläche Südaustraliens ein. Aber nicht einmal ein Prozent der Bevölkerung des südlichen

1964 CAB. SHIRAZ
1958 CHATEAU CLARET

Weinverkostung und Kammermusik in Dörfern mit deutsch klingenden Namen: Ob im Seppelt-Weingut, in Krondorf oder Hahndorf, wo sogar ein Oktoberfest gefeiert wird.

Bundesstaats lebt dort. Was ebenfalls kaum einer weiß oder auch nur vermutet: South Australia ist der trockenste Staat auf dem trockensten Kontinent der Erde. Das Barossa Valley hingegen hat mediterranes Klima mit trockenen, heißen Sommern und milden Wintern. Der meiste Regen fällt zwischen April und Oktober, während im Hochsommer von Dezember bis Februar 35 Grad Celsius durchaus üblich sind.

Kulturell ist S. A. der neben Tasmanien am stärksten europäisch geprägte Bundesstaat Australiens. Britischer, griechischer, italienischer und deutscher Einfluss herrscht vor. Das Barossa Valley zum Beispiel gehört ganz klar zu den deutschen Domänen. Der Glauben brachte die Deutschen ins Tal. In Südaustralien wurde Religionsfreiheit zugesichert, um die dringend benötigten Siedler anzulocken. Fast alle Deutschen waren Lutheraner. Die älteste Kirche ist die Old Union Chapel, 1844 an der heutigen Penrice Road in Angaston erbaut. Gut 50 Kilometer nordöstlich der Hauptstadt Adelaide liegt das Tal der Trauben: eingerahmt von sanften Hügelketten, durchwachsen mit Palmen und Eukalyptus sowie akkurat angelegten Gärten und natürlich weitläufigen Weinanbaugebieten. Der Einfluss deutscher Kultur ist deutlich spürbar in Architektur und Lebensart. Es gibt nicht nur Fachwerkhäuser und die an Baden erinnernde Kaiserstuhl-Weinbaukooperative, sondern auch deutsches Schwarzbrot und deutsche Speisen inklusive Blut- und Leberwurst. Im Barossa Valley leben ungefähr 20 000 Menschen, die einzelnen Ortschaften zählen kaum mehr als jeweils 1000 Einwohner.

Die Besiedlung des mit 13 Kilometern in etwa gleich langen wie breiten Tals begann um 1840. Zwar waren die ersten Siedler Engländer, doch nur wenig später folgten auch die ersten Deutschen, vorwiegend aus Schlesien und Preußen. 1847 pflanzte Johann Grampp aus Kulmbach die ersten Reben, und bald war der Wein das wichtigste Produkt der Gegend. Schon um 1890 wurde der Wein sogar nach England exportiert.

Besonders in Tanunda, das bis zum Ersten Weltkrieg offiziell noch Langmeil hieß, finden sich zahlreiche deutsche Wurzeln. Auch auf den Grabsteinen dominieren deutsche Namen. Einer ist August Klavel, der Pastor, der eine deutsche Gemeinde 1843 nach Langmeil geführt hatte. Tanunda kommt aus der Aborigines-Sprache und bedeutet Wasserloch. Mit 3500 Menschen und sieben Kirchen ist Tanunda mit der größte Ort im Tal. In Bethany, 1842 als Bethanien gegründet, ist sogar noch die typisch deutsche Architektur großteils erhalten. Den vielen Enten hat Moculta seine Entstehung zu verdanken. Sie waren die Basis für das erste Auskommen der Neuankömmlinge. Der Name selbst kommt von den Aborigines und bedeutet großer Hügel. Mit gut 200 Einwohnern, aber trotzdem zwei Kirchen, Gruenberg und Gnadenberg, die um 1860 erbaut wurden, ist Moculta ein kleiner Ort. Ebenfalls zu den kleineren Gemeinden gehört Penrice, die 1850 gegründet und nach einer Stadt in Wales benannt wurde. Sie ist eine Ausnahme im Valley: Dort steht nicht der Wein, sondern der Abbau von Marmor im Vordergrund. Das Handelszentrum des Barossa Valley

liegt am nördlichen Ende, in der Nähe des Stuart Highway: Nuriootpa, was in der Sprache der Aborigines Treffpunkt heißt. Deutsche und britische Siedler erbauten 1850 die ersten Häuser, und schon 1856 wurde Nuriootpa zur Stadt erhoben. Mit 3500 Menschen und sieben Kirchen ist das Städtchen sozusagen die Metropole im Valley und Sitz einiger der bekanntesten Weingüter wie Penfolds, Kaesler Wines und Wolf Blass.
Lyndoch markiert das südliche Ende des Valley. Die Ortsgründung geht auf jenen Colonel William Light zurück, der auch das nahe Adelaide aus der Taufe hob. Kurios war, dass ursprünglich Einwanderer aus Posen den Ort schon 1837 gründeten. Die Ureinwohner warnten die Siedler vor regelmäßigen Überflutungen im Winter, doch man verwarf den Hinweis. Erst 1854 gaben die Leute auf und siedelten sich in Lyndoch an. Mit knapp 1200 Einwohnern und vier Kirchen gehört die Gemeinde zu den größeren Ortschaften im Tal.
Williamstown, etwas weiter südlich und schon 1839 besiedelt, besitzt neben seinen Weingütern auch eine echte Touristenattraktion: die Whispering Wall. Der mächtige Staudamm ist etwa 140 Meter lang und so gebaut, dass man auf der einen Seite in Zimmerlautstärke etwas sagen kann, was man mehr als 100 Meter weiter auf der anderen Seite gut verstehen kann. Die Rundung der Mauer trägt den Schall weiter.

WIES'N DOWN UNDER

»Ein Prosit der Gemütlichkeit!« Diesen Trinkspruch kennen alle: der Cowboy aus dem Outback, der Sydneysider und manchmal sogar ein Aborigine. »Oans, zwoa, gsuffa«, zu Deutsch »Eins, zwei, trinken«, ist schon etwas für Fortgeschrittene – aber mitgrölen tun sie auch alle ... Und zwar nicht nur auf Münchens Wies'n, dem weltberühmten Oktoberfest, sondern auch in Hahndorf, knapp 50 Kilometer südlich vom Barossa Valley. Der Ort wurde zwar 1839 von Ostpreußen gegründet, zeigt sich heute aber eher urbayerisch mit Häusern im alpenländischen Stil und seinem Oktoberfest, The biggest German drinking Festival outside of Germany.
Tourist Centre Hahndorf
Tel. +61 (0)8 8388 7921,
www.hahndorfsouthaustralia.com.au

WEITERE INFORMATIONEN ZUM BAROSSA VALLEY

South Australian Tourism Commission,
Frankfurt/Main, Tel. (069) 2740 0633,
Fax (069) 2740 0640.
www.barossa.com

Opale sind das Lebenselixier von Coober Pedy. Dort werden sie geschürft, verarbeitet und natürlich auch verkauft. Gönnen sollte man sich eine Nacht im Untergrundhotel (rechte Seite).

36 Coober Pedy

Der Opalminenort im Outback hat eigene Gesetze

Coober Pedy hat 1350 Einwohner, wird Opalhauptstadt der Welt genannt und ist auch tatsächlich die größte Fundgrube für diese seltene Edelsteinart. Es gibt eine Polizeistation, eine Bank, eine Post. Wegen der Hitze leben die Menschen in unterirdischen Wohnhöhlen, allerdings mit einer ansehnlichen Ausstattung: mit Wohn- und Schlafzimmern, Küche und Bad. Die Umgebung diente ehemals als Kulisse für die »Mad Max«-Filme.

Hinaus in die anderen 80 Prozent von Südaustralien, in die Endlosigkeit des Outback: Schließlich wird der Stuart Highway, der Adelaide mit Darwin verbindet, auch Explorer Highway genannt. Und da, wo die Hitze flimmert und die Road Trains, die teils bis zu 50 Meter langen Ungetüme von Lastwagen mit mehreren Anhängern, die wahren Herrscher des Highways sind, dort unterbricht die Opalgräberstadt Coober Pedy die Monotonie des Never-Never. Natürlich ist der Ort so staubig wie die umgebende Wüste, aber auch unwirklich wie ein Science-Fiction-Film und kurios wie ihre Einwohner, die scheinbar mehr Bier als Wasser trinken. Auf einem Grab auf dem Friedhof liegt sogar ein Bierfass und trägt die Aufschrift »Have a Drink on me« – Trink einen auf mich!

Der Empfang in diesem Nest ist bombig: ein dumpfer Knall um drei Uhr nachts. Autotüren knallen zu, aufgebrachte Stimmen sind zu hören, aber nichts ist zu sehen, abgesehen von einem Polizeifahrzeug, das schon bessere Tage erlebt haben muss. Was war passiert? Ein Bewohner von Coober Pedy, so stand es Tags darauf in der Zeitung, wurde auf dem Weg von Adelaide in seine Heimatstadt von der Polizei wegen zu schnellen Fahrens gestoppt. Der Strafzettel und die Ermahnung der Polizeibeamten, nun langsamer zu fahren, brachte den Miner jedoch in Rage. Und als er nachts das Fahrzeug der Polizisten in Coober Pedy parken sah, steckte er zwei Dynamitstangen in die beiden Auspuffrohre und ließ das Auto hochgehen. Hot Sausages, heiße Würstchen, nennen die Minenarbeiter ihre Dynamitstangen, mit denen sie üblicherweise zum Abbau von Opalen Löcher in Stein und Erde sprengen. Die Stangen gibt's im Supermarkt. Allerdings muss man eine Dynamitlizenz beim Erwerb vorweisen.

Coober Pedy ist Australiens wilder Westen, und um dort, in diesem Never-

Never-Land, einen Ort zu gründen, musste man einst einen sehr guten Grund haben beziehungsweise ihn finden. Und dieser wurde zigfach gefunden: Opale. Das seltene Mineral mit den Regenbogenfarben entdeckte man 1911. Heute produziert das Opalfeld von Coober Pedy rund 90 Prozent aller Opale weltweit. Tag für Tag buddeln Menschen aller Nationalitäten in dieser Mondlandschaft. Der Name Coober Pedy heißt aus der Aborigines-Sprache übersetzt »Loch des weißen Mannes« in der Erde. Denn unter Tage spielt sich zum größten Teil auch das Leben ab. Nicht nur während der Arbeit: Auch viele Wohnungen sind Dug Outs, in die Felsen gesprengte Grotten, die eingerichtet sind wie übliche Wohnungen, mit Wohn- und Schlafzimmer sowie Küche und Bad. Denn nur unter der Erde ist es erträglich, kann man der Hitze entrinnen. Einige der Behausungen können besichtigt werden, so bei Crocodile Harry, dem leibhaftigen Vorbild für die »Crocodile Dundee«-Filme. Selbst die Kirchen sind in den Untergrund gegangen. Und der Golfplatz heißt bezeichnenderweise Brown. Sattes Grün hat hier keine Chance.

Ein Besuch in Coober Pedy ist nicht vollständig, wenn man nicht unter Tage war, wo sich die Maschinen in das weiche Gestein fressen und es nach oben ausspucken. So entstehen die unzähligen, kegelförmigen Erdhügel dieses so seltsamen Orts. Es sieht aus, als ob riesige Maulwürfe ihre Hügel gegraben hätten. Wer nicht unter Tag möchte, sollte wenigstens nach Salt 'n' Pepper fragen, ein paar Kilometer außerhalb von Coober Pedy, wo das Land abrupt abbricht, bunte Gesteinsschichten sichtbar werden und in der sinkenden Sonne zu funkeln beginnen, als sei hier der größte Juweliersladen der Welt. Abends patrouillieren Falken über dieser kuriosen Unendlichkeit. Es herrscht eine atemberaubende Stille – wenn nicht gerade ein neues Dug Out oder ein Polizeiauto in die Luft gesprengt wird …

DAS UNTERGRUNDHOTEL

Wer in Coober Pedy über Nacht bleibt, sollte es ausprobieren: das Desert Cave Hotel, das erste, inzwischen aber nicht mehr einzige Untergrundhotel der Minenstadt. 19 der 50 Zimmer werden als Dug Out angeboten: Die Wände bestehen aus unverputztem blankem Stein, kein einziger Lichtstrahl dringt von außen ins Zimmer – und die Luft riecht leicht modrig. Sogar Roomservice gibt es fürs unterirdische Dug-Out-Dinner im Fred-Feuerstein-Stil. Der Rest ist wie sonst überall: Es gibt Fernseher, Telefon, Minibar, Haarföhn und was sonst so zu einem Hotelzimmer gehört.

Desert Cave Hotel, Coober Pedy
Tel. +61 (0)8 8672 5688,
www.desertcave.com.au

WEITERE INFORMATIONEN ZU COOBER PEDY

South Australian Tourism Commission,
Frankfurt/Main, Tel. (069) 2740 0633,
Fax (069) 2740 0640.
www.cooberpedy.sa.gov.au,
www.opalcapitaloftheworld.com.au

Eine Straße nach nirgendwohin? Von wegen! Nicht nur der Leuchtturmwächter und Ranger Bart weiß, dass es auf der Insel mehr zu sehen gibt als rostiges Farmergerät.

37 Kangaroo Island

Die Insel macht ihrem Namen alle Ehre

30 000 Kängurus stellen zwar nicht die Majorität auf Australiens drittgrößter Insel. Aber sie sind der Anziehungspunkt für eine Safari auf dem 155 mal 55 Kilometer großen Eiland im Indischen Ozean. Safaris sind ja eher aus Afrika bekannt. Doch das Kisuaheli-Wort bedeutet übersetzt nichts anderes als Reise, bei der man auf Kangaroo Island auch auf Koalas, Füchse, Seelöwen und 700 000 Schafe trifft.

Kängurus sind in Australien in manchen Teilen so etwas wie eine Landplage. Für Touristen, die ja auch wegen Australiens Wappentier den Fünften Kontinent besuchen, ist das schwer verständlich, weil sie tagsüber nicht so viele zu Gesicht bekommen. Es sei denn, man besucht eben Kangaroo Island, rund 120 Kilometer südwestlich von Adelaide und mit der Hauptstadt von South Australia durch eine Fähre verbunden. Auf der ehemaligen Sträflingsinsel leben etwa 4000 Menschen, davon knapp die Hälfte im Inselhauptort Kingscote. Mehr als 50 Prozent von Kangaroo Island stehen unter Naturschutz und sehen immer noch so aus wie zur Zeit von Matthew Flinders, der das Inseljuwel im Jahr 1802 als erster Weißer entdeckte. Heerscharen von Kängurus können dort in ihrer natürlichen Umgebung beobachtet werden. Denn die nachtaktiven und sonst so scheuen sprunghaften Gesellen haben auf ihrer Insel keine Angst vor dem Menschen. Sie haben ihn nie als Feind kennengelernt. Überhaupt fehlen mangels Raubtieren die natürlichen Feinde, was eine bemerkenswerte Vermehrung zur Folge hat.
Das Füttern durch die Besucher machte so manches der »Roos«, wie die Australier sagen, sogar so dreist, dass sie frech in Taschen und Rucksäcken nach Essbarem Ausschau halten. Damit die Touristen ungestört ihre mitgebrachten Lunchpakete genießen können, wurden eingezäunte Picknickplätze errichtet. Hier sitzt sozusagen der Mensch im Stall – und nicht umgekehrt. Denn die Beuteltiere schauen mit großen Augen, was die Menschen hinter dem Maschendraht so alles tun und verzehren.
Kängurus, die der drittgrößten Insel Australiens ihren Namen gaben, sind down under ein Dauerthema zwischen Naturschützern und Jägern. Die meisten Farmer sehen in den Pflanzenfressern Schädlinge, die ihren Schafen und Rindern das Gras wegfressen. Während die Naturschützer warnen, dass die staatli-

Kängurus gaben der Insel ihren Namen und hüpfen zu Tausenden umher. Aber auch Walrosse fühlen sich dort wohl. Oben der Penneshaw-Leuchtturm und der Vivonne-Bay-Pier.

che Abschussquote von fünf Millionen Kängurus pro Jahr eines Tages zur Ausrottung der sprungkräftigen Beuteltiere führen könnte.
Derzeit hüpfen rund 30 000 Kängurus mit Größen zwischen 35 Zentimetern und fast zwei Metern auf der 155 Kilometer langen und 55 Kilometer breiten Insel umher. Insgesamt gibt es 93 verschiedene Arten. Und aufpassen muss man auf Kangaroo Island nur vor einer Mutter, die ein Kleines, genannt Joey, hat: Sie kann mit ihren krallenbesetzten und muskulösen Hinterfüßen kräftig treten. Vor der Verteidigung wird Joey allerdings durch einen mächtigen Tritt auf den Boden gewarnt. Das Signal für ein Junges, flugs in den sicheren Beutel der Mutter zu flüchten. Entgegen weit verbreiteter Meinung schauen dabei aber meistens nur die Pfoten und nicht der Kopf heraus.
Australiens bester Ort für eine Känguru-Safari ist ohne Zweifel diese Insel, die vor 10 000 Jahren durch einen Anstieg des Meeresspiegels vom Festland getrennt wurde. Auffällig ist das dicke Fell der auf Kangaroo Island lebenden Exemplare. Mutter Natur sorgte dafür, nachdem den Tieren durch die Insellage der Weg ins warme Outback im Winter genommen wurde.
Augen lugen, Ohren spitzen, zwischen Sträuchern raschelt es. Und schon hüpft das Roo seines Weges. In den Bäumen dösen gemütlich Koalas, als habe eine Spielzeugfirma zu Werbezwecken Plüschtiere mit fedrigen Öhrchen und kugelrundem Körper in die Bäume gesetzt. Das Wort Koala kommt aus der Aborigines-Sprache und bedeutet so viel wie »ohne zu trinken«. Schließlich

decken die Tiere ihren Flüssigkeitsbedarf hauptsächlich durch den Verzehr bestimmter Eukalyptusblätter, die sie scheinbar ununterbrochen kauen.
Die Koalas von Kangaroo Island sind allerdings Zugereiste. Ab 1920 wurden rund 20 der Tiere auf die Insel gebracht, weil sie auf dem Festland vom Aussterben bedroht waren. Sie haben sich fleißig vermehrt und kommen derzeit auf eine Population, die so hoch ist wie bei den Kängurus: um die 30 000. Damit bietet Kangaroo Island die größte Koaladichte des Kontinents. In Streichelzoos dürfen die nach Eukalyptus riechenden Tiere auch behutsam berührt werden. Aber dennoch sollte man das Streicheln vielleicht lassen: Es ist bekannt, dass

Koalas dadurch einem enormen Stress ausgesetzt sind.
Dazu kommen an weiteren Tieren auf Kangaroo Island noch um die 250 Vogelarten, vor allem Pelikane, aber auch Zwergpinguine, Füchse, Kaninchen, 700 000 Schafe und ein paar giftige Schlangen, so etwa die Black Tiger Snake, eine der giftigsten der Welt. Zudem haben die sehr selten gewordenen Trauerschwäne ihre Heimat auf Roo Island: Diese eleganten schwarzen Schwäne halten sich meist im Inselinneren entlang der Flüsse auf. Am Meer tummeln sich dagegen ganze Kolonien von Robben. Und wo mehr als 500 Seelöwen ihr Auskommen finden, ist in der Regel auch die Anzahl der Haie hoch. In der Seal Bay, der Seehundbucht, ruhen sich die Robben aus, um immer wieder bis zu drei Tage lang auf Nahrungssuche in den Indischen Ozean zu schwimmen. Dabei liegen ihre Fanggründe bis zu 300 Meter tief. An Land finden jedoch alle Arten durch die isolierte Insellage und die sich keinen Lebensraum wegnehmenden Populationen ideale Lebensgrundlagen, wie man sie in dieser Form nirgendwo anders in Australien mehr sehen und erleben kann.
Eine Safari, also eine Reise, besteht aber nicht nur aus Tierbeobachtungen. Deshalb schaut man vielleicht auch mal zu den fünf Leuchttürmen der Insel am Cape Borda und North Cape an der Nordküste sowie am Admirals Arch und den beiden Leuchttürmen am Cape Hart im Süden. Wer sich für die alten Zeiten interessiert, macht auch noch einen Abstecher ins Hope Cottage Museum von Kingscote. An der South Coast Road befinden sich zudem noch die Kelly Hill Caves, ein zur Begehung geöffnetes Kalksteinhöhlensystem.
Die Hauptstraßen auf der Insel sind asphaltiert, und es gibt auch Möglichkeiten, auf Kangaroo Island zu übernachten, in Kingscote, in netten Resorts in Kliffhanglage oder auf urigen Campingplätzen. Auch ein Picknick an einem der einsamen Strände sollte man einplanen: mit einem Fläschchen Wein, Käse, kaltem Hummer, frischem Brot und ein paar Oliven, die auf der Insel gedeihen. Wahrscheinlich kam nach einem solchen Picknick der Reporter des britischen »Sunday Telegraph« zu dem Schluss, dass Kangaroo Island eines der letzten unberührten Refugien dieser Welt sei.

DER DUFT VON EUKALYPTUS

Sie ist Südaustraliens einzige kommerzielle Eukalyptusöl-Destillerie: Die Emu Ridge Manufacture verkauft aber nicht nur das wertvolle, stark- und wohlriechende Öl des Eukalyptusbaums, sondern auch einige verwandte Produkte wie etwa Eukalyptusseife, -lippenbalsam, -waschpulver und natürlich Süßigkeiten und Bonbons mit dem kräftigen Geschmack. Touren, bei denen man der Verarbeitung von Eukalyptus beiwohnen kann, werden ebenfalls angeboten. Zudem trägt Emu Ridge auch den Zusatz Craft Gallery und bietet dort Ausstellungsflächen für 40 regionale Künstler an.

Emu Ridge Eucalyptus Manufacture and Craft Gallery Macgillivray
Tel. +61 (0)8 8553 8228,
www.emuridge.com.au

WEITERE INFORMATIONEN ZU KANGAROO ISLAND

South Australian Tourism Commission,
Frankfurt/Main, Tel. (069) 2740 0633,
Fax (069) 2740 0640.
www.tourkangarooisland.com.au

38 Flinders Chase National Park

Im Nationalpark begeistern uralte Granitformationen

Die Remarkable Rocks, die bemerkenswerten Felsen, sehen aus wie skurrile Plastiken. Sie verfügen hier über Dachwölbungen, erinnern dort an Tierfiguren, haben Formen und Strukturen, als seien sie von Künstlerhand modelliert und geschaffen worden. Um die 500 Millionen Jahre sind diese Steinschönheiten schon alt, deren Platz im Flinders Chase National Park im äußersten Westen von Kangaroo Island ist.

Remarkable Rocks heißen die an moderne Skulpturen und Tierfiguren erinnernden Felsformationen im Flinders Chase National Park auf Kangaroo Island.

Sieht das nicht wie ein großer Adlerschnabel aus? Und gleicht der da nicht einem markanten Elefantenkopf? Und dort: Erinnert der Felsen nicht an ein kleines Ferkel? Interpretationsmöglichkeiten solcher Art gibt es viele. Eine Laune der Natur lässt die Besucher des knapp 750 Quadratkilometer großen Flinders Chase National Park rätseln und staunen. Immer und immer wieder fallen mal gelungene, mal eher absurde Vergleiche und Theorien. Wenn diese Steine aber wirklich ein Künstler mit einem bedeutsamen Namen geformt hätte, wären sogar die Feuilletons voll mit Besprechungen. Der Künstler hätte die notwendige Aufmerksamkeit geschaffen, die Welt wachgerüttelt, Umweltpolitikern den Weg gezeigt – und sich selbst dabei ins rechte Rampenlicht gestellt … Aber es war nur Mutter Natur, die als Künstlerin bekanntlich ja nie einen Weg in die Feuilletons dieser Welt findet.
Zum Nationalpark erklärt wurde das Gebiet schon 1919. Die ursprüngliche Fauna und Flora sollte erhalten werden. Das gelang. Kängurus und Koalas vermehrten sich prächtig, und die Landschaften konnten ihre Ursprünglichkeit bewahren. Doch am westlichen Ende von Kangaroo Island, immerhin gute 100 Kilometer vom Inselhauptstädtchen Kingscote entfernt, dreht sich unter Touristen trotzdem alles auf einmal nur noch um Granit und dessen Adler-, Elefanten- oder Ferkelformen.
Die schönen Eukalyptuswälder sowie die alte Buschvegetation der Umgebung werden kaum beachtet, und die überall herumhüpfenden Kängurus hat man schon zuvor auf der Insel zur Genüge gesehen. Aber solch eine Kunstausstellung der Natur ist selten. Die Vorstellungskraft des Menschen wird dort angeregt, seine Fantasie beflügelt.
Alle Remarkable Rocks liegen auf einer kleinen Anhöhe über dem Meer und sind teilweise auch von unten her ausgehöhlt. Etwa 500 Millionen Jahre nagte die Erosion an ihnen. Weder Wind noch Wetter ließen nach und verwandelten

selbst den harten, massiven Granit zu bizarren Naturkunstwerken. Dort trifft das Motto »steter Tropfen höhlt den Stein« hundertprozentig zu. Eisenpartikel lassen die eigentlich grauen Felsen noch dazu orange leuchten. Wäre diese knallige Farbe nicht, könnte man nämlich auch auf sehr helle Lavaformationen schließen, die sich meist ebenso zerklüftet und teilweise formvollendet präsentieren. Das Ensemble erinnert aus bestimmten Perspektiven an Frank Gehrys Projekt des weltweit größten Guggenheim-Museums in Abu Dhabi: Es sieht aus, als ob ein Riesenbaby seinen Spielzeughaufen nicht aufgeräumt hätte. Schon beim Abstieg vom Aussichtspunkt zum Meer spürt man die Gewalt des Windes. Unten angelangt merkt man, dass das Terrain gar nicht einmal besonders groß ist, doch dafür fasziniert die Geballtheit der Formen – als sei man in einem Open-Air-Museum direkt am Indischen Ozean gelandet.

Der Star unter den Felsformationen auf Kangaroo Island ist ein abseits an der äußersten Südspitze des Cap du Couedic gelegener Steinbogen: Admirals Arch ist schon bei der Anfahrt als Naturbrücke von einer Anhöhe auszumachen. Umtost vom wilden Ozean steht der Admirals Arch wie ein einsamer Feldherr da, so als hätten ihn seine Streitkräfte längst verlassen. Und so ähnlich hat es sich auch zugetragen. Die schwächeren Gesteinsschichten sind längst der Urgewalt des Meeres zum Opfer gefallen und fortgeschwemmt worden. Daran denkt aber kein Mensch, wenn man sich zum Sonnenuntergang versammelt und die Schönheit des Naturbogens im warmen Licht der Abendsonne genießt.
In einem anderen natürlichen Museumssaal, unweit von Cape Borda in der Harveys Bay, rundet ein Stein das Gesamtbild dieses schönen Nationalparks ab: Er sieht aus wie mit Dutzenden von akkurat gepinselten Bändern verziert.

DIE STIEFEL GESCHNÜRT

Die vielen Kängurus und Koalas hin und die Remarkable Rocks samt Admirals Arch her, die weitgehend unberührte Natur auf Kangaroo Island sollte man nicht vergessen und deshalb auch mal die Wanderstiefel schnüren. Es gibt verschiedene lohnenswerte Routen. Die wahrscheinlich schönste Tour ist die Durchquerung der Casoars Wilderness Protection Area innerhalb des Nationalparks. Der Acht-Kilometer-Hike beginnt am Parkplatz am Ende der Ravine Road. Der Rundweg führt durch Eukalyptuswald, an einem schönen Naturstrand und Höhlen vorbei.

Visitors Centre Rocky River
Tel. +61 (0)8 8553 1185,
www.parks.sa.gov.au/flinderschase/index.htm

WEITERE INFORMATIONEN ZUM FLINDERS CHASE NATIONAL PARK

South Australian Tourism Commission,
Frankfurt/Main, Tel. (069) 2740 0633,
Fax (069) 2740 0640.
www.parks.sa.gov.au/flinderschase/index.htm,
www.southaustralia.de

Mächtig wie der Shot Tower zeigt sich Melbourne als Hauptstadt von Victoria. Aber auch Strände, Blumenromantik und die berühmten Twelve Apostles gibt es in diesem Bundesstaat.

Victoria

Fahrvergnügen pur bietet die Great Ocean Road, die sich entlang der Südküste schlängelt. Abstecher lohnen sich trotzdem, wie etwa zu den Hopetoun-Wasserfällen.

39 Great Ocean Road

Aufregender kann man an keiner Küste Australiens cruisen

Allein für diese 320 Kilometer zwischen Peterborough und Torquay lohnt es sich, ein Cabrio anzumieten, um die legendäre Great Ocean Road wie in einem Kinofilm im Breitwandformat genießen zu können. Als sei sie eine Schlange, die sich entlang der Küste bewegt, windet sich die Traumstraße Kurve um Kurve. Meistens fährt man direkt am Meer oder manchmal – noch dramatischer – entlang von steil abfallenden Klippen.

Alle Cabriofahrer – vor allem die 117 000 Deutschen (1. Platz in Europa) – haben einen natürlichen Feind: die Wolken. Sie werfen Schatten, verdecken die Sonne und, noch schlimmer, aus ihnen kommt Regen! Auf der Great Ocean Road Richtung Twelve Apostles ist es so weit: Es tröpfelt. In knapp 30 Sekunden schließt der griechische Gott im Verdeck des schicken VW Eos sein Dach. Das hat schon was. Auch wenn Planung beim Cabriofahren sonst nur eine periphere Rolle spielt. In Port Campbell wird's stockdunkel. Fast schwarze Wolken schaffen ein beinahe bedrohliches, sehr intensives Szenario, das selbst den eingefleischtesten Cabriofahrer etwas machen lässt, was er normalerweise nie tut: Den direkten Weg von A nach B einschlagen, ohne übliche Umwege, weil die eine Seitenstraße doch auch nett ausschaut … Die »Else« im Navigationssystem wird endlich einmal gebraucht und darf den Weg ansagen: ins nächste Hotel. Aber typisch Navi, sie findet nicht gerade das, was man sich vorgestellt hat. Einfaches Motel wäre die bessere Bezeichnung gewesen … Morgen darf die Dame wieder schweigen.

Der australische Wetterbericht? Stimmt immer, sagen die Australier – und die sollten es ja wissen. Auch für den nächsten Tag ist Regen angesagt. Ach was, Wolkenbrüche. Ein Segen, finden die Australier, denn seit Wochen wird Victoria von Trockenheit heimgesucht. Und den Surfern ist's eh egal. Nass ist das Meer ja sowieso. Nur der Tourist denkt: Ausgerechnet jetzt Regen, wo er sich doch gerade seinen Cabriowunsch erfüllt hat, um eine der schönsten Küstenstraßen der Welt abzufahren …

Doch dann die Überraschung, die Morgensonne strahlt, der Himmel ist blau mit weißen Wattewölkchen. Aber es gibt ein Problem: Was kommt rein in den CD-Wechsler? Für Cabriofahrer eine

80
80

Kängurus machen auch vor feinen Golfplätzen nicht Halt, während Hunde ihr Strandvergnügen haben. Ein Veteran zeigt eine Riesenkrabbe (rechte Seite), und Surfer tanzen auf ihren Brettern.

geradezu existenzielle Frage: Bryan Ferry, der eleganteste Rockmusiker der Geschichte? Peter Green mit seinen melancholischen Gitarrenklängen? Es wird Men at Work, die australische Kultband mit »Down under«. Der Song ist eine Hommage an die Heimat und gilt, neben »Waltzing Mathilda«, als heimliche australische Nationalhymne. Der Name der Band kam dem Sänger Colin Hay übrigens in den Sinn, als er an einer Baustelle vorbeifuhr, auf der neun Bauarbeiter herumsaßen und nur einer arbeitete – was nicht ganz untypisch ist für Down Under …

Jetzt kann sie also kommen: groß gewachsen, schlank, mit schnittigen Kurven, vom Kopf bis Fuß ein Traum, die Great Ocean Road. Rund 320 Kilometer vorbei an Klippen, Stränden, Dörfchen – und den Aposteln. Farn bewachsene Täler zur Landseite, Surfstrände mit mächtigen Wellen zum Meer hin und gelegentlich steil abstürzende Wasserfälle. Die Great Ocean Road geizt wirklich nicht mit Highlights. Meist führt die Straße direkt am Wasser entlang. Sie windet sich mal wild, gibt sich mal romantisch oder gar lieblich, und von der Straßenkante geht's ab und an schwindelerregend steil hinunter in die weiße Gischt.

Bald ist die bei Seefahrern berüchtigte Shipwreck Coast erreicht. Im dortigen Port Campbell National Park ragen die acht Apostel aus der Meeresbrandung. Acht? Wieso acht? Die Erklärung folgt auf den nächsten Seiten … In der Nähe von Port Campbell kommen nachts Zwergpinguine zum Schlafen an den Strand. Auf einem Golfplatz hüpfen ganz entspannt einige Kängurus umher. Nach Lavers Hill verlässt man die Küste, um durch die Otway-Berge zu fahren. Der Wetterbericht im Radio erklärt, dass in diesem Gebiet jährlich bis zu 2000 Millimeter Regen fallen und die Menge in diesem Jahr fast schon erreicht sei, obwohl wir doch erst Mai schreiben. Die 2000 Millimeter lassen sich leicht an der Umgebung ablesen: Dichter Regenwald herrscht vor. Da es gerade aber nicht regnet, wird ein Abstecher gemacht. zum Cape Otway Lighthouse mit herrlichen Blicken auf die Steilküste.

Weiter geht's durch die hübsche Ortschaft Apollo Bay mit dem Marriner's Lookout auf die grandiose Küstenstraße, die ihren aufregendsten Teil zwischen Apollo Bay und Lorne hat. Ums Eck riecht es förmlich nach Eukalyptus, was gepaart mit der frischen Seeluft eine umwerfende Mischung ergibt. Kennett River ist dafür bekannt, dass man den einen oder anderen Koala auch tagsüber schläfrig in den Bäumen sieht. Koalas ernähren sich fast ausschließlich von Blättern, Früchten und von Rinde ganz bestimmter Eukalyptusarten. Nur etwa 70 von den mehr als 500 bekannten Eukalyptusarten schmecken den putzigen Kerlchen. Gepflückt wird mit großer Sorgfalt: bevorzugt ältere Blätter, die ausgiebig beschnuppert werden, ehe der erste Bissen folgt. Ein erwachsener Koala benötigt pro Tag durchschnittlich 300 Gramm Blätter. Eine Vielzahl anderer Bäume, darunter auch einige Nicht-Eukalyptus-Arten, wird zum Ausruhen und Schlafen benutzt.

Bei Aireys lockt mit klassisch rotem Dach ein weiterer Leuchtturm. An einer der idyllischen Buchten wird ein Picknick gemacht, linker Hand oder besser

gesagt nördlich, erheben sich als Kulisse dazu üppig bewaldete Hügel.
Torquay markiert schließlich das Ende der Great Ocean Road. Dort dreht sich alles nur noch ums Surfbrett. Die Dinger hängen sogar als antike Prachtstücke an der Wand in einer Kneipe, in der durchtrainierte Jungs mit V-Körper und sonnengebleichten Haaren ihr Bier trinken. Dabei gibt es nur eineinhalb Gesprächsthemen: den Surf – und die Mädchen … Bells Beach ist hier der bekannteste Strand. Die Wellen sind gigantisch, um nicht zu sagen: haushoch. Australier sind ja gern geneigt, stets ein wenig zu übertreiben. Aber der Vergleich von Bells Beach mit der Northshore der Hawaii-Insel Oahu ist einfach nicht von der Hand zu weisen. Bei entsprechendem Wetter türmen sich dort wahre Monster auf, zeigen unvermittelt ihre Zähne. Der eine oder andere Surfer bekreuzigt sich sogar, bevor er für einen Ritt auf den höchsten Wellen auf sein Board steigt. Den meterhohen Wasserfall im Rücken, schießen die Monster an dieser Stelle mit bis zu 50 Kilometern pro Stunde der Küste entgegen. Das Motto »Kehre niemals der Welle den Rücken zu« kann an diesem Platz durchaus als Gesetz verstanden werden. An Bells Beach bleibt mit weichen Knien am Strand zurück, wer nicht zu den Surfprofis zählt. Dagegen wirken so manche Wellen von Queensland wie nette Schaumröllchen.

SURF MIT MUSIK

Jedes Jahr zu Ostern versammelt sich die Elite des Surfsports zum Rip Curl Pro Surf & Music Festival am Bells Beach in der Nähe von Torquay an der Great Ocean Road. Im Vordergrund steht zwar der Wettkampf zwischen den besten Surfern der Welt, da der Rip Curl Pro Surfing Event auch Teil der World Championship Tour ist. Aber neben geballter Surfaction in sich auftürmenden Wassermassen geben sich auf der Bühne über den Klippen auch zahlreiche Musiker das Mikrofon in die Hand und unterhalten die Gäste mit erstklassigem Reggae, Rock, Funk, Groove und Punk Sound. Der Event ist ein absolutes Must-go.

Visitor Information Centre Torquay
Tel. +61 (0)3 5261 4219,
www.ripcurl.com.au

WEITERE INFORMATIONEN ZUR GREAT OCEAN ROAD

Tourism Victoria c/o Uschi Liebl PR, München: Tel. (089) 7240 2920, Fax (089) 7240 2919.
www.greatoceanrd.org.au,
www.visitvictoria.com

40 Twelve Apostles

Der Port Campbell National Park und die Kraft der Natur

Zwölf, das war einmal. Acht Apostel müsste es nach dem letzten Zusammenbruch eines der im Meer stehenden Kalksteinfelsen heißen. Doch einen weltweit so bekannten Namen passt man nicht einfach neuen Gegebenheiten an, zumal die Twelve Apostles geologisch gesehen sowieso nur eine Zeiterscheinung sind. Es ist absehbar, wann auch die letzten bis zu 60 Meter hohen Felsen der Macht des Meeres nachgeben.

Sonnenaufgang an der Küste des Port Campbell National Park, an der die starke Brandung zerschellt. Aber sie hat Spuren hinterlassen und Formen kreiert wie die Twelve Apostles.

Die Autofahrt auf der Great Ocean Road oberhalb der Steilküste kommt einem vor wie in der Schwebebahn zu sitzen. Aussichtspunkte geben hoch über dem Meer die ganze Weite des Ozeans frei, und einer der Lookouts bietet auch einen grandiosen Blick auf die berühmten Zwölf Apostel.

Bis zu 60 Meter hoch streben die Kalksteinsäulen aus der Bass Strait dem Himmel entgegen, spektakuläre Felsnadeln, deren Gestein bis zu 20 Millionen Jahre alt ist und die im Lauf der letzten 6000 Jahre aus der zerklüfteten Küste herausgewaschen wurden. Die Formgebung der Klippen im Port Campbell National Park ändert sich permanent. Kleine Felsbrocken brechen ständig ab, und jährlich weicht die Steilküste um etwa zwei Zentimeter zurück. Die härtesten Gesteine bilden so zunächst Halbinseln, von denen später nur noch Steinbrücken die Verbindung zum Festland aufrechterhalten. Schließlich fallen auch die Brücken zusammen, sodass nur noch eine Felsnadel aus dem Wasser ragt. Wie 1990 die London Bridge: Als sie zerbrach, waren gerade Urlauber auf der London-Brücke. Aber wie durch ein Wunder blieben alle Brückenspaziergänger unverletzt. Sie konnten sich rechtzeitig auf die massiven Brückenpfeiler retten, mussten dort allerdings einige Stunden wellenumtost ausharren, bis sie ein Hubschrauber in Sicherheit brachte. Es war ein Großereignis an der Great Ocean Road, der eindrucksvollen Küstenstraße.

Manche meinen sogar, es sei eine der schönsten Küstenstraßen der Welt, dank der Zwölf Apostel, die eigentlich nur noch acht sind.

Am 3. Juli 2005 war der bisher letzte Apostel dran. Die frei stehenden Felsenformationen kamen abermals in die Schlagzeilen. Nummer neun, ein spitzer, bereits etwas überhängender und 45 Meter hoher Sandsteinfelsen sank in sich zusammen. Das meistfotografierte

Motiv Victorias verlor einen weiteren Fixpunkt. Seitdem sind also nur noch acht frei im Meer stehende Apostel zu bestaunen. Und es ist nur eine Frage der Zeit, wann Meer, Wind und Wetter auch die verbliebenen acht Felsensäulen in die Knie zwingen werden. Besonders die erosive Kraft des Meeres lässt den Felsnadeln keine Chance.
Wind, Wetter und Wasser setzen ihnen seit Jahrtausenden zu und formen sie. Manche ragen wie Finger aus dem Meer, andere wurden zu Pfeilern und Brücken modelliert. Und Wind, Wetter, Wasser waren es auch, welche die Brücken wieder einstürzen ließen, wie die London Bridge. Irgendwie hat man unter den Besuchern jedoch den Eindruck, dass keiner wirklich nachzählen will: Acht Apostel, wie klingt das denn? Die Aborigines kannten auch diese Küste gut. Sie schlugen Treppen in die Felsen, um auch an dieser Stelle ans Meer kommen zu können. Die Parks von Victoria erkennen die Ureinwohner übrigens als rechtmäßige Besitzer der Küste und der Apostel an.
Die Twelve Apostles sind aber nur ein Teil einer sehenswerten Reihe von Felsformationen entlang dieses Küstenabschnittes bei Port Campbell. Dazu gehören der Bakers Oven, das Blowhole, der Elephantrock, die Grotto, der Island Arch, Muttonbird Island, der Pudding Basin Rock, der Razorback und die Thunder Cave. Außerdem ist dieser Teil der Küste gleichzeitig auch Victorias zweitgrößter Marine-Nationalpark mit ebenso spektakulären Gesteinsformationen auch unter Wasser. Shipwreck Coast wird dieses Stück der Great Ocean Road auch genannt, weil in seinen unberechenbaren Gewässern 80 Wracks liegen – trotz einiger Leuchtfeuer und -türme. In der Nähe von Loch Ard Gorge zerschellte zum Beispiel 1878 der Clipper »Loch Ard«. Vier Gräber in der Nähe der Schlucht erinnern an dieses schreckliche Ereignis, bei dem 52 Menschen den Tod fanden.

FRÜH AUFSTEHEN

Fotografen fragen immer nach dem besten Licht und der besten Uhrzeit, wenn sie ein Motiv perfekt ablichten wollen. Bei den Twelve Apostles gibt es keine Alternative zum Sonnenaufgang, wenn die Monolithen in der Morgensonne in der Brandung leuchten. Tagsüber tost die Gischt um die Felsbrocken. Sie erzeugt einen permanenten Nebel, der keine brauchbaren Aufnahmen zulässt. Erst abends zum Sonnenuntergang können wieder schöne Gegenlichtaufnahmen gemacht werden. Dann geben die nun schwarz wirkenden Felsnadeln einen schönen Kontrast zum Abendrot des Himmels ab.
Park Information Centre Port Campbell
Tel. +61 (0)3 8627 4699,
www.parkweb.vic.gov.au/1park_display.cfm

WEITERE INFORMATIONEN ZU DEN TWELVE APOSTLES

Tourism Victoria c/o Uschi Liebl PR,
München: Tel. (089) 7240 2920,
Fax (089) 7240 2919.
www.parkweb.vic.gov.au/1park_display.cfm,
www.visitvictoria.com

Zwölf Apostel? Das war einmal. Heute gibt's nur noch acht Felsformationen, die aus dem Meer herausragen.

Das New Victorian Art Centre von Melbourne (oben). Ein Bahnhof wie ein Museum: Die Flinders Street Station gehört zu den schönsten Bahnhöfen Australiens (rechte Seite).

41 Melbourne

Die Drei-Millionen-Stadt will immer ganz hoch hinaus

Man kann es drehen und wenden, wie man will: Melbourne bietet Kultur der Spitzenklasse, ein internationales Angebot an Restaurants nebst köstlichen Weinen aus der Region und eine turbulente Sportszene. Aber die Millionencity Melbourne steht trotzdem im Schatten von Sydney, der strahlenden Überstadt. Melbourne ist im direkten Vergleich eben doch nur die kosmopolitische Hauptstadt von Victoria am Südzipfel von Australien.

Sie heißt »The great old Lady«. Und eigentlich muss sich die große alte Dame hinter Sydney nicht verstecken: Melbourne, die Nummer zwei des Landes, hat nur 600 000 Einwohner weniger, sehr gute wirtschaftliche Bedingungen, ein reichhaltiges Kulturangebot und trotz der Wolkenkratzer, in denen Millionengeschäfte abgewickelt werden, ein im positiven Sinne altmodisches Flair. Aber der Stadt fehlt das Tüpfelchen auf dem i. Man merkt es am Umkehrschluss: Melbourne ist ja toll, wenn nicht der Kommerz wäre, wenn nicht die vielen Banken und Versicherungen wären, eben alles nicht wäre, was letztlich ausschließlich mit dem schnöden Mammon zu tun hat. Das gilt auch für die zur schnöden Werberallye verkommene Formel 1, die anscheinend all die Destinationen in jüngerer Zeit mit viel Geld angelockt haben, die den Versuch starten, aus einem regionalen Schatten und am besten gleich ins Rampenlicht der Weltöffentlichkeit zu treten. Abu Dhabi, Kuala Lumpur, Singapur machten es so – und eben Melbourne. Denn der Große Preis von Australien fand traditionell bis 1995 in Adelaide statt.

In Melbourne sollte einst auch das höchste Gebäude der Welt entstehen, aber am Yarra River hatte man weder die arabischen noch die chinesischen Höhenflüge in der Kalkulation. Nun soll bis 2010 wenigstens das größte Hotel von Australien Victorias Hauptstadt zieren. Der »Crown Entertainment Complex« wird dann 1600 Zimmer beheimaten. Der riesige Unterhaltungsbau an der Southbank am Yarra-Fluss beherbergt im Moment das Casino, ein Business-Hotel, zahlreiche Geschäfte und eine Vielzahl an Restaurants und Cafés. Die Investition für die Expansion beläuft sich auf rund 300 Millionen australische Dollar, knapp 200 Millionen Euro.

Das Stadtbild Melbournes beherrscht neben einigen anderen Bürohochhäu-

FLINDERS STREET STATION

St. Kilda ist der verrückte Kontrapunkt zur South Bank im Zentrum. Nicht versäumen sollte man Phillip Island (rechte Seite) und die Pinguin-Parade sowie den Wildlife Park Ballarat mit seinen Koalas.

sern vor allem der 2006 fertiggestellte Eureka Tower, der mit 291 Metern und 91 Stockwerken das größte Gebäude in Town und nach dem Q 1 Tower in Surfers Paradise, südlich von Brisbane, der zweithöchste Wolkenkratzer Australiens und der Südhalbkugel ist. Die höchste Plattform für einen wunderbaren 360-Grad-Ausblick findet man aber in den Rialto Towers auf 248 Metern Höhe. Eine 40-Sekunden-Liftfahrt ersetzt immerhin 1254 Stufen.

Historisch sehenswert sind das 1856 entstandene Parliament House, aber auch die Flinders Street Station, das Bahnhofsgebäude von 1905. Kulturell steht das futuristische Victorian Arts Centre im Vordergrund. Es ist gleichzeitig Standort für das in Sachen australischer Geschichte bedeutsame Melbourne Museum und der größte Museumskomplex der Südhalbkugel. Die Royal Botanic Gardens gehören zu den schönsten Stadtparks der Welt, und in den Fitzroy Gardens wurde Cook's Cottage aufgebaut, das Haus, in dem der englische Entdecker James Cook seine Kindheit verbrachte. Er nahm 1770 die Ostküste Australiens für Großbritannien in Besitz.

Trotz der nostalgisch ratternden Straßenbahnen, trotz prachtvoller Kolonialbauten, hervorragender Kunst- und Kultureinrichtungen, trotz reizvoller Kontraste zwischen viktorianisch-alt und ultra-modern: Melbourne bleibt im Land die kühle, nüchterne Stadt, vergleichbar mit Mailand oder Hamburg. In Italien und Deutschland wird das Heitere und Lockere, das nicht so angestrengt Gewollte auch von Rom und München besetzt. Und wahrscheinlich ist auch ein bisschen die Lage schuld, denn mit den formschönen Hafenbecken Sydneys kann das Flussbett des Yarra River nicht konkurrieren. Die riesige Port Phillip Bay sieht man schließlich nur von den höchsten Etagen der Vorstandszimmer, den umgebenden Inseln oder von den Vororten – wie St. Kilda. Hier hat das britisch strenge Melbourne mit den weltoffenen, lockeren Sydneysidern jedoch zumindest gleichgezogen.

Nirgends in Südaustralien findet sich ein schrilleres Völkchen: Die Szene-People von St. Kilda übertreffen sogar manchmal die Hip-Leute von Bondi Beach in Haarfarbe, Frisur, Kleidung oder Piercing …

Die anderen Vororte sind dagegen enttäuschend. Geelong zum Beispiel ist ein Industriestandort wie im Ruhrpott. Wer sich aber in östlicher Richtung orientiert und Phillip Island aufsucht, der erlebt Sagenhaftes: nämlich einen echten Zwergenaufmarsch, die Pinguin-Parade. Die Stars sind gerade mal 20 Zentimeter groß. Aber sie sind jeden Abend picobello gekleidet: Mit Frack, wie es sich gehört für diese Art. Die Rede ist von Zwerg-Pinguinen, die Phillip Island zu Ruhm verholfen haben. Denn streng genommen ist die Insel selbst nicht wirklich ein Reißer – eher ein durchschnittliches Eiland mit nordischer Anmutung.

Aber die kleinen Pinguine haben nun mal Phillip Island auserkoren, um dort zu brüten. Und das ist die Sensation, für die Einheimische (immer wieder) und Touristen herbeiströmen. Phillip Island liegt verkehrsgünstig keine 100 Kilometer südlich von Melbourne. Und am äußersten westlichen Zipfel bei The

Nobbies findet das statt, was allgemein als Penguin Parade bezeichnet wird. Die Brutstätten liegen in den Sanddünen. Pünktlich wie ein Schweizer Uhrwerk kommen die Pinguine jeden Abend mit Einbruch der Dunkelheit, die ihnen Schutz vor Greifvögeln bietet, an den Strand. Dort verharren sie zunächst ein Weilchen. Sie schauen. Wie die Besucher. Die Ranger haben ein paar Tribünen aufgestellt, damit jeder gleich gut sehen kann. Die Pinguine hingegen stellen sich nebeneinander auf, damit auch jeder von ihnen gucken kann. Ein Comic-Film ist schal dagegen ... Denn scheinbar kommen die putzigen Kerlchen jeden Abend zum gleichen Schluss: Diese Leute scheinen keine Gefahr zu sein. Dann watscheln die Tierchen los und zielsicher zu ihrer Brutstätte, die manchmal bis zu 50 Meter vom Meer entfernt liegt. Die Zuschauer haben sie dabei scheinbar längst vergessen. Und außerdem haben die Jungen ja Hunger ...

Pop-Superstar Kylie Minogue, geboren in Melbourne, wurde kürzlich zur Botschafterin der seltenen Zwergpinguine ernannt. Daraufhin adoptierte die australische Sängerin gleich einen der kleinen Pinguine, um damit den Fortbestand und Schutz der niedlichen Tiere über eine Stiftung zu unterstützen. Übrigens: Jeder kann einen Pinguin adoptieren und wird dann von den Pflegern regelmäßig über dessen Wohlbefinden sowie dessen Liebesleben entsprechend informiert ...

DIE KOALA-ZWILLINGE

Zum ersten Mal seit mehr als 50 Jahren gibt es weltweit wieder Koala-Zwillinge. 2008 wurden sie im Ballarat Wildlife Park, etwa 100 Kilometer nordwestlich von Melbourne, geboren. Zwillinge sind auch in freier Wildbahn äußerst selten. Die Koala-Babys – ein Männchen und ein Weibchen – wurden zufällig bei einem Routinecheck im Beutel der Mutter, einige Wochen nach der Geburt, gefunden. Stolze Eltern sind die sechsjährige Koala-Dame Anastasia und der ebenfalls sechsjährige Colossus. In Gefangenschaft gibt es weltweit nur noch ein weiteres Koala-Zwillingspaar, in einem Zoo in China.

Wildlife Park Ballarat
Tel. +61 (0)3 5333 5933,
www.wildlifepark.com.au

WEITERE INFORMATIONEN ZU MELBOURNE

Tourism Victoria c/o Uschi Liebl PR,
München: Tel. (089) 7240 2920,
Fax (089) 7240 2919.
www.visitmelbourne.com/de,
www.penguinfoundation.org.au

42 Melbourne Cup

Große Show um Geld und Prestige, Mode und Pferde

1861, beim ersten Wettkampf, ging es schon um 170 Pfund und eine goldene Uhr. Heute ist der Melbourne Cup das wichtigste Pferderennen Australiens. Kenner meinen, es sei das bedeutendste Zwei-Meilen-Rennen überhaupt. Am ersten Dienstag im November steht jedenfalls nicht nur im Victoria Racing Club alles Kopf. Denn dann geht's um fünf Millionen australische Dollar Preisgeld und die schönsten Hüte ...

Auf dem Flemington Racecourse von Melbourne dürfen sich die Zuschauer ein wenig wie in Ascot fühlen. Zuweilen stellen die Damenhüte sogar die Rennpferde in den Schatten.

Es blüht der britische Stil, wenn die Hufe der Pferde nervös scharren und es dann endlich losgeht. Gentlemen mit wehenden Rockschößen schreiten und aufgeputzte Ladies stöckeln um die beste Aussicht, als sei man in Ascot, dem Mekka des Pferdesports. Denn beim Pferderennen zeigen besonders die Damen, was sie draufhaben. Die Hutschöpfungen variieren je nach Sendungsbewusstsein, der Brieftasche des Gatten und eigener Fantasie. Und die behuteten Damen sind zunächst unumstrittener Mittelpunkt.

Wen kümmern da die fleißigen Rösser, die sich unten auf der Bahn die Lunge aus dem Hals rennen? Es gibt sogar Modepreise für »the best-dressed male and female Racegoers«, die am bestgekleideten Rennbesucher. Grund dafür war ein Minirock. 1965 trug das englische Model Jean Shrimpton einen zum Derbytag – ohne Handschuhe und Hut: absolutely shocking! Die heiß begehrten Modepreise werden heute in den Kategorien klassische Damen-Rennbahnkleidung, Kinder- und Herrenmode sowie, besonders beliebt, für Hutdesign vergeben. Für das passende Outfit, vor allem für die wichtige Kopfbedeckung, sorgt in den gehobenen Schichten Julie Fleming, eine der renommiertesten Hutmacherinnen Melbournes, die jedes Jahr Empfehlungen für die Saison abgibt und ihr Geschäft somit bestens am Laufen hält. In Melbourne scheint sich wirklich alles ums Geld zu drehen (siehe vorherige Seiten).

Das ganze Spektakel startet schon am Freitag mit Vorrennen. Samstag und Sonntag wird alles eine Nummer größer. Am Montag wird noch mal Luft geholt, ehe Dienstag die große Show beginnt: Dieser Tag wird zelebriert. Viele Firmen haben geschlossen und der öffentliche Nahverkehr tut nur eingeschränkt seinen Dienst. Der wichtigste Tag, der Race Day, ist in der Melbourne Metropolitan Area schließlich ein Feiertag – nur wegen dieses einen Rennens ... Aussies,

besonders aber die Einwohner Melbournes, begleiten den Melbourne Cup gerne mit den Worten: The Race that stops a Nation! Das Pferderennen, das ein ganzes Land lahmlegt. Die Königsdisziplin geht über zwei Meilen und dauert im Höchstfall fünf Minuten. Bei diesem Rennen können Einsätze von mehr als 100 Millionen australischen Dollar im Umlauf sein. Und man sagt, dass etwa drei Viertel der erwachsenen Bevölkerung Australiens an diesem Tag eine Wette abgeben.

Der erste Gewinner soll 1861 zu Fuß rund 800 Kilometer von New South Wales gekommen sein. Sicher ist, immer wenn sich Legenden um ein Ereignis ranken, darf man auf eine lange Geschichte zurückblicken. Schon 1877 wurde ebenjener erste Dienstag im November zum Melbourne-Cup-Feiertag ausgerufen. 1910 gewann das erste ausländische Pferd. Sogar in den Jahren des Zweiten Weltkriegs fiel das Rennen nicht aus. Nur das Preisgeld war nicht so üppig wie sonst. Mehr als 200 Pfund konnten zwischen 1942 und 1945 nicht geholt werden. 1985 war zum ersten Mal eine Million australische Dollar als Preisgeld ausgeschrieben. Und sogar Prinz Charles und Prinzessin Diana wollten das erste Millionenrennen nicht versäumen. 2005 fiel die 100 000-Zuschauer-Marke: Genau 106 479 Besucher wohnten dem Melbourne Cup bei – plus natürlich, wie jedes Jahr seit flächendeckender Einführung von TV-Geräten, Millionen an den Fernsehschirmen. Mittlerweile ist das Preisgeld bei den letzten Melbourne Cups auf fünf Millionen australische Dollar angewachsen, also etwa 3,3 Millionen Euro. Daher darf man sich nicht wundern, wenn das Pferderennen nicht nur gleichzeitig eine Modenschau abgibt, sondern zudem auch eine Blumenschau ist. Jedem Renntag ist eine offizielle Blume gewidmet. Insgesamt kümmern sich zwölf Gärtner um nicht weniger als 12 000 Rosen von etwa 200 unterschiedlichen Arten.

DIE SPORTSTADT

Dreimal pro Jahr steht Melbourne im Interesse der Weltöffentlichkeit. Immer wenn drei internationale Sportveranstaltungen ausgetragen werden: der Auftakt zur Formel 1, der Große Preis von Australien, der Melbourne Cup und das legendäre Tennis-Grand-Slam-Turnier Australian Open, das immer im Januar stattfindet und zwei Wochen dauert. Es gibt nur vier Grand-Slam-Turniere auf der Welt: neben Melbourne noch Wimbledon, Paris und Flushing Meadows in den USA. Die wichtigsten Spiele in der mit Schiebedach ausgestatteten Rod Laver Arena für 15 000 Zuschauer sind atmosphärisch einmalig.

Australian Open Ticket Office Melbourne
Tel. +61 (0) 3 9914 4177,
www.australianopen.com

WEITERE INFORMATIONEN ZUM MELBOURNE CUP

Tourism Victoria c/o Uschi Liebl PR,
München: Tel. (089) 7240 2920,
Fax (089) 7240 2919.
www.melbournecup.com,
www.visitmelbourne.com/de

Mehr als 100 Jahre schon ist der südlichste Punkt des australischen Festlands ein Nationalpark. Einen wunderbaren Blick hat man vom Mount Oberon. Oben: ein Wombat.

43 Wilsons Promontory

Ohne Nachtwanderungen verlässt keiner den Nationalpark

Promontory bedeutet übersetzt Kap. Und das Wilsons-Kap ist die südlichste Spitze des australischen Festlandes. Schon seit 1908 ist das Gebiet als Nationalpark deklariert. Auch deshalb gehört er bis heute zu den bekanntesten Parks des Landes. Die Beobachtung nachtaktiver Tiere, besonders der drolligen Wombats, gehört neben fantastischen Wandermöglichkeiten zu den großen Attraktionen des Parks.

Vor 10 000 Jahren war an der Wilsons Promontory nach Süden hin noch lange nicht Schluss. Denn es existierte eine Festlandsverbindung nach Tasmanien, da der Meeresspiegel aufgrund einer Eiszeit etwa 120 Meter unter derzeitigem Niveau lag. Das sieht man bis heute an der Tier- und Pflanzenwelt, die vieles mit der jetzigen Insel im Süden gemein hat. So findet sich zum Beispiel Myrte im Nationalpark, die sonst nirgends in Australien, außer eben in Tasmanien, wächst.

The Prom, wie die Einheimischen vor Ort sagen, ist eine Halbinsel mit einer Fläche von etwa 500 Quadratkilometern. Die höchsten Erhebungen erreichen 700 Meter – eine Gegend, die besonders von Wanderern geschätzt wird. Sie können aus einem Netz von 80 Kilometern Wanderwegen wählen. Ob Naturlehrpfad, wie der fünf Kilometer lange Lilly Pilly Gully Walk, der in ein Tal mit subtropischer Vegetation und vielen Farnbäumen führt, oder mehrtägige Trekkingtouren rund um die Halbinsel, die auch zum Leuchtturm an der Südspitze und damit an den südlichsten Festlandspunkt Australiens führen. Eine der schönsten Aussichten über die ganze Region genießt der Besucher vom Mount Oberon auf luftigen 560 Metern Höhe. Ein gut drei Kilometer langer Weg führt hinauf.

In der Nacht geht's dann auf Wombat-Suche, wobei die Camper klar im Vorteil sind: Einige Wombats strolchen nach Einbruch der Dunkelheit immer wieder gerne zwischen den Zelten und Wohnmobilen umher, um nach Essbarem zu stöbern. Wombats sind Beuteltiere und Pflanzenfresser, die mehr als einen Meter lang werden können und dann ein Gewicht von bis zu 40 Kilogramm erreichen. Die Bezeichnung des an kleine Bären erinnernden Wombats kam von den Aborigines, die zudem auch Begriffe wie Wombach, Womback oder auch Womat verwenden, je nach Stamm und Sprache.

Die Wombats sind vielleicht die Stars im Park, aber ganz und gar nicht die einzigen Tiere: Der Wilsons Promontory National Park beherbergt Kängurus, Herden von grasenden Emus, Possums und Echidnas, die bis zu 45 Zentimeter Länge erreichenden Ameisenigel, diverse Echsen- und Schlangenarten, aber auch viele Schmetterlinge. Unter den mehr als 200 Vogelarten sind die Pennant-Sittiche die zutraulichsten im Park. Sie sind an Menschen gewöhnt, lassen sich füttern und ungeniert auf Schulter oder Kopf des Besuchers nieder. Zudem kann man am Kap auch schwarze Kakadus und schwarze Schwäne sehen, die majestätisch auf dem Tidal River ihre Bahnen ziehen.
Tidal River ist auch der einzige Ort im Nationalpark, durchgängig bewohnt von gerade mal 20 Einwohnern. Womit auch klar sein dürfte, dass es dort mehr Übernachtungsmöglichkeiten als Bewohner gibt. Außerhalb des Parks steht aber eine noch größere Bandbreite vom Campingplatz über Ferienappartements bis zu Motels und Hotels zur Verfügung. Trotzdem kommt es während der australischen Schulferien stets zu Engpässen. Wer nicht rechtzeitig bucht, hat nicht einmal die Chance auf einen Zelt- oder Wohnmobilplatz. Am Prom ist es schließlich spürbar kühler als im gut 200 Kilometer entfernten Melbourne. Insbesondere sommerliche Hitzewellen sind deutlich schwächer, weshalb die Großstädter besonders in den Sommerferien in Scharen aufkreuzen.
Die ersten Europäer, die auf der Halbinsel am South East Point erschienen, waren Seehundjäger. Dann kamen Siedler und rodeten die Wälder. Später betrieben andere Viehzucht oder verdingten sich als Minenarbeiter. Mit anderen Worten: Die Spuren der Nutzung des Landes durch den weißen Mann finden sich bis heute. Doch aufgrund des Nationalparkschutzes erholt sich die Natur von Jahr zu Jahr und erobert sich das Prom zurück.

WASSERSPASS FÜR HEISSE FÜSSE

Auf 80 Kilometer Wanderwege kommen 1300 Kilometer Küste am Prom. Die Auswahl reicht vom kinderfreundlichen Normanton Beach bis zum spektakulären Squeeky Beach mit puderzuckerweißem Quarzsand, der knirscht und quietscht, wenn man barfuß darübergeht. Eine herrliche Belohnung für so manchen Tourkraftakt, zumal der Strand am südlichen Ende kuriose Felskugeln zum Staunen anbietet. Doch auch im ruhigen Tidal River ist an warmen Tagen ein Bad möglich. Das vom Moor dunkel gefärbte Wasser erwärmt sich erstaunlich rasch. Die Badesaison geht in der Regel von Dezember bis März.
Wilsons Promontory Tourist Centre Leongatha
Tel. +61 (0)3 5662 4263,
www.promcountry.com.au

WEITERE INFORMATIONEN ZU WILSONS PROMONTORY

Tourism Victoria c/o Uschi Liebl PR, München: Tel. (089) 7240 2920, Fax (089) 7240 2919.
www.promcountry.com.au,
www.visitvictoria.com

Tasmanien hat Traumstrände wie in der Südsee, nur die Wassertemperaturen sind leider meist zum Frösteln. Dafür gibt's gutes Seafood, wunderbare Natur und Wanderwege.

Tasmanien und die Inseln

Einer der schönsten Plätze Tasmaniens ist die Wineglass Bay. Doch der Freycinet National Park verfügt noch über andere Vorzüge wie nette Weingüter (oben) oder die idyllische Carp Bay (rechte Seite).

44 Freycinet

Der Nationalpark mit der unglaublichen Wineglass Bay

Ausgeschilderte Wanderwege mit lang gezogenen Traumbuchten, die Bergkette Hazards und die Weinglas-Bucht: Streng genommen – und den urbanen Aspekt vernachlässigend – könnte man Tasmanien fast auf die Freycinet-Halbinsel und den ältesten Nationalpark des kleinsten Bundesstaats reduzieren. Auf jeden Fall gelten diese rund 150 Quadratkilometer als die schönsten auf dem Inselvorboten zur Antarktis.

Wer ein Bild davon sieht, sagt: Ich muss da unbedingt hin. Am liebsten jetzt, sofort! Es sieht aus, als ob ein Künstler eine perfekte Bucht gemalt und dabei vielleicht das Paradies vor Augen gehabt hätte. Von der kleinen natürlichen Plattform auf dem Mount Graham ist sie rechter Hand zu sehen: die Wineglass Bay. Kelchförmig geschwungen wie ein bauchiges Rotweinglas, nur mit dem Unterschied, dass darin dunkelblaues Pazifikwasser schwappt, das zum Rand hin immer heller wird – bis zu einem unwirklich wirkenden türkisfarbenen Schimmer –, um schließlich von einem weißen Sandsaum zur grünen Vegetation hin kontrastreich abgegrenzt zu werden. Linker Hand leuchtet etwas schmaler im Saum der Hazard Beach herauf, der an der zur Landseite der Halbinsel gerichteten Promise Bay liegt. Und obgleich beide Buchten etwas unterschiedlich sind, sieht das Ganze aus wie ein sich auf der anderen Seite spiegelndes, auf mehrere Kilometer gerundetes Gesamtkunstwerk. Der Weg zur Plattform wird garniert von überdimensionalen Felsbrocken mit runden und schroffen Formen und gelegentlich umherhüpfenden Wallabys, den kleinen Verwandten der Kängurus.
Tasmanien wird von vielen Australien-Reisenden bei der Tourenplanung des Öfteren schlichtweg vergessen. Das mag auch am mitteleuropäisch anmutenden Wetter liegen. Und eigentlich hätte es gar nicht anders kommen können: Dicke Regenwolken hängen beim Landeanflug über Tasmanien. Der selbst ernannte Holiday State – so steht's blau auf weiß auf den Kfz-Schildern der Autos des Inselbundesstaats – macht es Urlaubswilligen manchmal gar nicht so einfach. Selbst im Hochsommer gibt es keine Schönwettergarantie. Mit Regen muss immer gerechnet werden, und die Temperaturen sind moderat: Trockene Outback-Hitze von mehr als 30 oder gar 40 Grad ist auf der Insel unbekannt. Das Wetter bleibt selbst im Hochsommer

Oben ragt der Mount Amos hervor, unten wütet der Tasmanian Devil, bei Falmouth überraschen eisenhaltige Felsen; die Friendly Beaches gehören zu den schönsten der Insel.

wechselhaft, die Temperaturen steigen selten über 25 Grad Celsius. Der letzte Bahnhof vor der Antarktis, scherzen die Tasmanier, wenn Touristen am Wetter herumkritteln ...

Trotz Petrus' Launen lohnt ein Besuch – besonders wegen des Freycinet National Park: Denn der straft das vermeintlich schlechte tasmanische Wetter oftmals Lügen. An der Ostküste der größten australischen Insel, die, abgesehen von Canberras Sonderstatus, auch gleichzeitig das kleinste Bundesland darstellt, können Besucher häufig ihr blaues Wunder erleben, und zwar im Wortsinn: Das Klima ähnelt schließlich dem an der französischen Côte d'Azur, einhergehend mit vielen Sonnenscheinstunden. Coles Bay, ein kleiner Ort nördlich vom Park, ist das Tor zum Freycinet National Park, den vielleicht schönsten gut 150 Quadratkilometern Tasmaniens. Die Halbinsel krümmt sich wie ein Finger in den Pazifischen Ozean und schützt die Hauptinsel vor der häufig aufgewirbelten Tasmanischen See. Dazwischen liegt die Great Oyster Bay, eines der besten Fischfanggebiete Tasmaniens. Der Park selbst zeigt sich sehr abwechslungsreich mit schroffen Klippen, dichten Wäldern, langen Stränden und sumpfigen Gebieten. Wombats, Wallabys und Possums zeigen wenig Scheu vor Menschen, wenn's ums Futter geht. Abends betteln sie an den rustikalen Holzlodges und freuen sich über Brötchen, Kartoffeln oder Karotten. Auch zum Frühstück zeigen sich die putzigen Tierchen. Nur zum Lunch treffen sie im Waldresort keine Menschenseele an. Denn morgens werden die Wanderstiefel geschnürt. Die Touristen machen sich auf, die Tiere in ihrer Umgebung zu besuchen. Mit Glück trifft man dann sogar mal auf einen Tasman Devil, den rotzfrechen kleinen schwarzen tasmanischen Teufel. Der größte Vertreter der Raubbeutler ist heute, abgesehen von wenigen Zoos, nur noch in Tasmanien anzutreffen. Auf dem australischen Festland ist er schon seit dem 14. Jahrhundert ausgestorben. Da der kleine Teufel mit dem schwarzen Fell auch in Tasmanien gejagt wurde und vom Aussterben bedroht war, wurde der Tasman Devil 1941 unter Schutz gestellt.

Der Nationalpark wurde dagegen schon 1916 gegründet und ist mit dem Mount Field National Park der älteste in Tasmanien. Wege von drei bis 30 Kilometern stehen den Wanderwilligen, je nach Kondition und Lust, zur Wahl. Höhepunkt jeder Tour ist die Wineglass Bay, die sich bei wolkenlosem Himmel von der schönsten Seite zeigt.

Die Freycinet-Halbinsel dürfte das beste Argument gegen das Klischee sein, Tasmanien sähe doch nur aus wie Schottland. Nur ein Vorurteil bestätigt sich wirklich: In Tasmanien ist die (Um-) Welt noch in Ordnung. Die Luft ist klar und frisch, der Sternenhimmel deshalb unglaublich hell, und wer mal in der Nase bohrt, wird feststellen: Hier sind die Popel weiß. Die knapp 500 000 Tasmanier und ihre Gäste dürfen nämlich nachgewiesenermaßen die reinste Luft der Welt einatmen.

Das ist seit 1642 so und wird wohl auch schon davor so gewesen sein. In jenem Jahr wurde Tasmanien jedenfalls erstmals von einem Weißen entdeckt. Nur manche britische Geschichtsbücher nennen James Cook als Entdecker. Es war der

Holländer Abel Tasman, der die Insel zunächst Van Diemen's Land nannte, ehe mehr als 200 Jahre später sein eigener Familienname zum Inselnamen wurde. Die schlichte Marmorgedenktafel, das Tasman Monument, das kurz nach Dunnalley an die erste Landung erinnert, muss man nicht gesehen haben. Einzig die Lage an dem kleinen Hafen ist bei gutem Wetter doch einen Abstecher wert.
1642 segelte Abel Tasman die Ostküste entlang und entdeckte dabei auch die Freycinet-Halbinsel für die Europäer. Benannt wurde sie später nach dem französischen Seefahrer Louis de Freycinet, der 160 Jahre danach in Tasmanien ankam. Walfang, Zinn- und Kohlebergbau ernährten die ersten Siedler. Seitdem schwimmt Tasmanien scheinbar am Rande des Weltgeschehens im paradiesischen Pazifik dahin. Terroralarm kennt man nicht im Tassie-Land, Umweltprobleme oder Verkehrschaos ebenfalls nicht. Und man sollte immer daran denken: Australien endet eben nicht in Melbourne. Tasmanien hängt wie ein Zipfel an Victoria, nur durch die knapp 250 Kilometer breite Bass Strait vom Festland getrennt. Die Insel bei einer Rundreise über den Fünften Kontinent auszulassen, wäre eine Sünde, schon allein wegen der sensationellen Wineglass Bay im Freycinet National Park.

FREUNDLICHE STRÄNDE

Wenige Kilometer nördlich des Freycinet National Park laden die Friendly Beaches ein, im Südpazifik zu baden. Mitten in einer Dünenlandschaft gelegen, gehören die weißen Sandstrände landschaftlich zu den schönsten Australiens. Südsee-Badewannen-Temperaturen darf man jedoch nicht erwarten: Meist signalisiert schon der große Zeh, dass die Wassertemperaturen sogar im Hochsommer einiges zu wünschen übrig lassen. Eine ungeteerte Piste, etwa zehn Kilometer nach der Abzweigung vom Tasman Highway in Richtung Coles Bay, führt nach Osten zu den Stränden.
Visitor Information Centre Friendly Beaches
Tel. +61 (0)3 6230 8233,
www.hobarttravelcentre.com.au

WEITERE INFORMATIONEN ZUM FREYCINET NATIONAL PARK

Tourism Tasmania c/o Kleber PR Network, Frankfurt/Main: Tel. (069) 7191 360, Fax (069) 7191 3651.
www.freycinetcolesbay.com,
www.parks.tas.gov.au

In Hobart scheint manchmal die Zeit stehen geblieben zu sein, ob am Mures Fish Centre oder am bunten Salamanca Market.

45 Hobart

Tasmaniens Hauptstadt wirkt wie ein Freilichtmuseum

Politisch gehört Tasmanien zwar zu Australien, hat aber ansonsten nur wenige Gemeinsamkeiten mit der Mutterinsel. Schon in Hobart ist das spürbar: Das 20 000-Einwohner-Städtchen wirkt beschaulich, nordeuropäisch, zeigt sich ohne aufdringliche Schminke. Auch wenn nachts die angestrahlte Tasman Bridge prächtig leuchtet und Großstadtflair zu vermitteln scheint. Wer über das klare Wasser fährt – so heißt der Derwent River, den die Tasman Bridge überspannt –, landet unweigerlich am Hafen, einem der schönsten Naturhäfen des Kontinents. Statt protziger Jachten schaukeln am Franklin Wharf Kutter und Kabinenboote, bei denen die Planken noch knarren. Auch das nächtliche Treiben am Salamanca Place wirkt familiär, ungestellt und einladend: Hobarts gemütliche Antwort auf die schrille Szene von Bondi oder St. Kilda. In den Pubs und in Menschentrauben davor genießen Jung und Alt mit einem Glas Bier zwanglos den Feierabend. Und die Bands spielen gute alte Rockmusik dazu.

www.hobartcity.com.au

So zeigt sich die Nordküste des Maria Island National Park, in dem auch die Painted Cliffs zu bestaunen sind. Den Nationalpark gibt es schon seit 1972.

46 Maria Island

Der Nationalpark besticht mit einer bezaubernden Landenge

Seit 1972 gibt es den Maria Island National Park: mit Farnen, Kalkklippen, Fossilien und fantastischen Sandsteinformationen wie die Painted Cliffs sowie einer der bezauberndsten Landengen Australiens. Sie trennt die Riedle von der Shoal Bay. Autos, Hektik oder Stress? Fehlanzeige! Auf Wanderwegen und Mountainbikepisten erkunden die einen den Park, mit Feldstecher gehen die Ornithologen auf die Pirsch nach Graugänsen und anderen Vögeln, und mit Maske und Schnorchel suchen die Unterwasserfans die Gegend ab.

Von 1825 bis 1832 war Darlington die zweite Sträflingskolonie auf der Insel Tasmanien. Überreste des Lagers sind zu sehen, das Kommissariat dient als Museum. Geschäfte gibt es allerdings nicht. Man muss selbst alles vom Festland mitbringen, vor allem diejenigen, die im alten Gefängnis nächtigen wollen. Die Zellen dürfen genutzt werden, der einzige zur Verfügung stehende Komfort ist aber der Münzautomat, den man füttern muss, um eine warme Dusche zu bekommen.

www.mariaislandwalk.com.au

47 Bay of Fires

Die Küste im Nordosten ist eine unberührte Schönheit

Ganze Schiffsladungen, bestehend aus kleinen Haien von maximal einem Meter Länge, landen im Hafen von St. Helens an. Die Fischer freuen sich, ein paar Touristen schauen erstaunt oder pikiert, genießen das Shark-Filet am Abend aber dennoch. St. Helens ist bekannt für seine gleichsam nahen wie mächtigen Peron-Dünen und als Ausgangspunkt für die Bay of Fires. Dort kommen zu den Blauschattierungen des Meeres, dem Schneeweiß des Sandes noch rostrote Farbtupfer und -streifen in den rund geschliffenen Steinen. Der Eisengehalt ist dafür verantwortlich. Nur leider ist das Wasser auch im wärmeren Norden von Tasmanien meist zu kalt, um baden gehen zu können. Und wenn doch: Vor den Haien braucht man keine Angst zu haben. Sie greifen erstens keine Menschen an und zweitens ist ihr Revier weit draußen. Die starke Brandung lässt aber die wenigen kälteunempfindlichen Schwimmer nur wenige Meter ins Wasser und spült sie postwendend wieder an Land.
www.parks.tas.gov.au/factsheets/parks_and_places/BayofFires.pdf

Als ob die Felsen brennen würden, in der Bay of Fires sind rostrote Steinformationen dominant: der Leuchtturm und die »Bay of Fires Lodge«.

48 Strahan

Strand, Land, Fluss locken touristische Entdecker an

1815 manövrierte Kapitän James Kelly als erster Europäer durch die nur 200 Meter breite Meeresenge am dahinterliegenden 32 Kilometer langen und fünf Kilometer breiten Macquarie Harbour. Die Öffnung zum Indischen Ozean wird wegen der gefährlichen Strömungen Hell's Gates genannt. Auch für die Sträflinge war es dort die Hölle: Sarah Island in der Macquarie-Bucht hatte den Ruf, das schlimmste aller Gefangenenlager Australiens zu sein. Einige Ruinen zeugen bis heute davon. Erst 1877 wurde Strahan gegründet: als Hafen für die Kupferminen von Queenstown im Hinterland. Heute ist die 900-Einwohner-Gemeinde ein kleines Touristenzentrum für alle Strand-Land-Fluss-Entdecker, die die ellenlangen und unberührten Westküstenstrände nördlich von Strahan besuchen wollen oder die das wilde Land südlich davon – zumindest teilweise – erobern möchten. Da man auf dem Landweg nicht sehr weit kommt, geht das am besten über den Fluss Gordon, der in die riesige Macquarie-Bucht mündet.
www.tasmaniaswestcoast.com.au

1877 wurde Strahan als Hafen für den Transport des Kupfers der Minen im Hinterland gegründet. Viel hat sich seitdem nicht verändert.

Zehn Nationalparks, die zusammen als Weltnaturerbe ausgewiesen wurden. Im Zentrum befindet sich der Cradle Mountain National Park mit dem Dove Lake. Der Overland Treck ist der bekannteste Wanderweg Tasmaniens; er führt 80 Kilometer durch den Park. In Sheffield schmücken Wandmalereien (Murals) die Häuserwände (rechts oben).

49 Cradle Mountain

Weitgehend unerforscht, harsch und dennoch lieblich

Der grandiose Nationalpark Cradle Mountain and Lake St. Clair gehört zum umfassenden Weltnaturerbe Tasmanische Wildnis. Cradle Mountain bedeutet Wiegenberg, und die Gegend erinnert an die Schöpfungsgeschichte. Es gibt hohe, alpine Berge bis zu 1617 Metern, Moränenseen, die in der letzten Eiszeit entstanden, Hochebenen und Täler. Kurz: Dieser Park ist ein Paradies für Naturliebhaber und Wanderer.

Mit dem Namen ist es gar nicht so einfach: Offiziell heißt das Gebiet Cradle Mountain and Lake St. Clair National Park. Und mit dem Weltnaturerbe der Menschheit ist es noch komplizierter. Denn die tasmanische World Heritage Area ist eines von drei klimatisch gemäßigten Wildnis-Gebieten auf der südlichen Hemisphäre der Erde und eines der größten Reservate Australiens. Mit 1,38 Millionen Hektar bedeckt das Weltnaturerbegebiet etwa ein Fünftel der Insel und schließt insgesamt zehn Nationalparks ein: neben Cradle Mountain and Lake St. Clair auch den Franklin Gordon Wild Rivers National Park, Southwest National Park, Walls of Jerusalem National Park, Mole Creek Karst National Park, die Central Plateau Conservation Area, das Devils Gullet State Reserve, Liffey Falls State Reserve sowie die Hartz Mountains. Vor gut einem Vierteljahrhundert – im Jahr 1982 – wurden die genannten Gebiete unter dem Begriff Tasmanian Wilderness, die tasmanische Wildnis, in die Liste des Weltnaturerbes aufgenommen. Sie ist eine der flächenmäßig größten Naturerbestätten der Erde und zählt auch zu den besterhaltenen Wildnisregionen der Welt. Dort findet man zwischen kühlgemäßigtem Regenwald und hohen, schneebedeckten Gipfeln beinahe jede Vegetationsform inklusive endloser, mystisch anmutender Moore und lieblich-romantischer Heideflächen. Auch wegen der Unterschiedlichkeit der Flora wurde diese Region als Weltnaturerbe ausgewählt. Und besonders der südliche Teil, der Franklin Gordon Wild Rivers National Park, gehört zu den vielleicht letzten kaum erforschten Gebieten auf unserem Planeten.

Einen ersten Vorgeschmack auf das größte Gebirge Tasmaniens bietet der Mount Roland. Mit seinen 1231 Metern Höhe stellt er sich wie eine Wand den von Norden kommenden Besuchern entgegen. Der Cradle Mountain and Lake St. Clair National Park ist eine raue alpine Gebirgslandschaft mit unzähligen, glasklaren Seen, die gleichermaßen Wanderer mit Ausdauer und Kletterer mit Wagemut anlockt. Den schönsten Blick auf einen der Namensgeber des Nationalparks hat man vom Dove Lake: Dort spiegelt sich der 1545 Meter hohe, spitz zulaufende Mount Cradle im dunklen Wasser des Sees. Und dort beginnt auch Tasmaniens längster Trekkingpfad. Er führt knapp 80 Kilometer durchs Gebirge bis zum Lake St. Clair. Dabei trifft man auf Gesteine, die beinahe jede geologische Periode abdecken. Manche sind bis zu einer Milliarde Jahre alt. Andere zeigen sich zerklüftet und ausgewaschen, teilweise ziehen sich Höhlen darunter hin. Die Exit Cave zum Beispiel gehört mit mehr als 20 Kilometern zu den größten Höhlen des Kontinents sowie zugleich zu den spektakulärsten. Südlich des Highway A 10, der einzigen Verbindungsstraße durch die Wildnis des gebirgigen Westens, eine »long and winding road«, die die Beatles zu ihrem Welthit inspiriert haben könnte, schließt sich ein weiterer hochinteressanter Nationalpark an: Den Franklin Gordon Wild Rivers National Park erreicht man aber praktisch nur vom kleinen Hafenort Strahan an der Westküste aus. Einzige Verkehrsmittel in den undurchdringlichen Urwald sind Boote oder Wasserflugzeuge, die weiter eindringen können und schließlich spektakulär auf dem fast schwarzen Wasser des Gordon River landen – umgeben von 500 bis 800 Jahre alten Bäumen. Man braucht keinen Gedanken daran zu verschwenden, auf dem Landweg dieses Gebiet zu erforschen. Es gibt nur eine einzige Straße, die B 61, die zu einem der größten Wasserkraftwerke der Insel führt. Dahinter schließt sich ein unzugängliches Gebiet an, das zwar knapp 25 Prozent der Insel einnimmt, aber nur ganze zwei Einwohner zählt: Zwei unverwüstliche Gestalten, die ihren Lebensunterhalt durch eine Zinnmine bestreiten.

DIE WELT DER MURALS

Wildwest-Atmosphäre in Tasmanien: In Sheffield quietschen Blechschilder im Wind, das Wirtshaus hat Schwingtüren wie ein Saloon, und die Holzwände sind mit Motiven aus der Gründerzeit bemalt. Statt vom Wind umhergetriebene Spinifex-Ballen überraschen Palmenalleen, und als Helden treten anstelle von John Wayne die Jugendlichen des Ortes auf. Sie sind die Schöpfer der naiven Kunstwerke namens Murals. Rund 30 Wandmalereien statt unzähliger wilder Sprühereien an den Außenfassaden der Häuser lassen Rückschlüsse auf die Political Correctness der Stadt zu.

Visitors Centre Sheffield
Tel. +61 (0)3 6491 1036,
www.sheffieldmurals.com.au

WEITERE INFORMATIONEN ZUM CRADLE MOUNTAIN AND LAKE ST. CLAIR NATIONAL PARK

Tourism Tasmania c/o Kleber PR Network, Frankfurt/Main: Tel. (069) 7191 360, Fax (069) 7191 3651.
www.parks.tas.gov.au/natparks/cradle

Der Regenbogen über dem Dove Lake im Cradle Mountain National Park setzt der unglaublichen Szenerie noch ein Sahnehäubchen obenauf.

Der Elizabeth Lookout in Kingston auf Norfolk Island zieht Künstler an. Die Woodhen ist eine endemische Spezies und lebt nur auf Lord Howe Island. Die traumhafte Lagune dieser Insel und Krabbenbelagerung am Strand (rechte Seite).

50 Christmas und Lord Howe Island

Was sich auf dieser Insel abspielt, ist kaum zu glauben

Die Weihnachtsinsel, Christmas Island, liegt vor der Küste Indonesiens, gehört aber politisch und kulturell zu Australien. Kein Hahn kräht nach diesem Stückchen Erde. Außer an Weihnachten, wenn die Insel regelrecht belagert wird. Wie weit Australien reicht, zeigt der Blick vom Indischen Ozean mit Christmas Island nach Osten in den Pazifischen Ozean, wo auf Lord Howe Island Südsee-Atmosphäre herrscht.

Es ist jedes Jahr immer das Gleiche: Der Strom der Wanderer will einfach nicht abreißen. Auf Christmas Island geht's an Weihnachten zu wie bei uns in den Einkaufspassagen kurz vor dem 24. Dezember: Dicht an dicht drängt man sich durchs Gewusel. Die Menschen haben kaum Platz zum Gehen, und manchmal möchte man den einen oder anderen einfach wegschubsen, so eng ist es. Die Einwohner von Christmas Island machen das auch. Wenn es ihnen zu viel wird, kicken sie die Wanderer ohne jegliche Skrupel einfach aus dem Weg ... Unchristliches Verhalten wird man ihnen dennoch nicht vorwerfen. Denn die Weihnachtsinsel-Bewohner haben es mit ganz besonderen Wanderern zu tun, für die andere Maßstäbe gelten als für Touristen in Wanderstiefeln oder Fußgängerzonenbummler.
Die Wanderer von Christmas Island, das sind mehrere Millionen zum Teil durchaus kämpferische, handflächengroße Krabben, die immer zur Weihnachtszeit über die 135 Quadratkilometer große Christmas-Insel marschieren und wie eine biblische Heuschreckenplage über das abgelegene Eiland herfallen. Die Krabbenwanderung über Christmas Island im Indischen Ozean – nur gut 300 Kilometer südlich der indonesischen Insel Java, aber rund 2500 Kilometer von der nächsten australischen Großstadt Perth entfernt – ist einzigartig in der Welt: Die paarungswilligen Tiere wandern dort jährlich an Weihnachten quer über die Insel zu ihren Eiablageplätzen. Den Rest des Jahres leben die vergleichsweise großen Allesfresser zurückgezogen in selbst gegrabenen Wohnhöhlen im Regenwald der Insel – sehr viel mehr weiß man über die Wanderkrabben nicht.
»Die Massen gleiten wie ein roter Teppich über das Land«, beschreibt einer der Forscher das Spektakel poetisch. Ganz profan muss aber auch die geteerte Fahrbahn bei der Wanderung überquert werden – für viele der Krabben

Seeschwalbe mit Ei, ein endemischer Ficusbaum. Blick auf die wilde, traumhafte Küstenlandschaft von Norfolk Island sowie ein Fest der Nachfahren der »Bounty«-Meuterer auf Norfolk (rechts oben).

ein tödliches Unterfangen. Da die wehrhaften Tiere in der Regel nicht flüchten – sondern beide Zangen als Drohgebärde auseinander bewegen, wenn Gefahr droht –, ist es oft zu spät, wenn der Laster vorbeifährt. Seine Reifen hinterlassen eine deutliche Spur, die aber in wenigen Minuten vor lauter neuen, nachrückenden Krabben kaum noch sichtbar ist. Pkw-Fahrer versuchen zuweilen auszuweichen. Sie fahren dann, als wären sie betrunken. Aber dennoch gelingt in dieser Zeit kaum eine Fahrt ohne Krabbenfleisch im Profil ... Manchmal muss der Fahrer nach etlichen laut knackenden Krebspanzern aber auch die Werkstatt aufsuchen. Die kantigen Scheren der Tiere können sich nämlich sogar in Autoreifen bohren. Bis zu 20 Plattfüße werden pro Tag gezählt – bei rund 1000 gemeldeten Fahrzeugen ein hoher Wert, der zwar von der Anzahl der überfahrenen Krabben bei Weitem übertroffen wird, was jedoch kein Grund zur Sorge ist. »Beim Anblick dieser gigantischen Wanderung ist es unvorstellbar, dass die Population in Gefahr ist«, meint der Forscher trocken. »Es dürfte insgesamt um die 150 Millionen Krabben auf Christmas Island geben.« Da fallen ein paar Tausend Verkehrstote kaum auf.
Gegen Abend, wenn die erste Invasion unterbrochen wird, beginnt das große Fressen. Es ist angerichtet für alle, die Aas zu schätzen wissen: Geier, Reiher, Möwen und natürlich auch Ratten, aber auch ein entfernter Verwandter, die – übrigens sehr lecker schmeckende – Kokosnusskrabbe müssen die Weihnachtstage genauso lieben wie die Kinder, die unterm Tannenbaum auf die Bescherung warten. Für Menschen sind die Christmas-Island-Krabben übrigens ungenießbar, selbst wenn man sie, wie etwa den Hummer, lebend in kochendes Wasser wirft.
Am nächsten Morgen beginnt das große Krabbeln dann von Neuem: auf Straßen und Wegen, über Wiesen und Golfplätze, ja sogar durch Wohnungen und Hotelzimmer, wenn man die Türen nicht verschlossen hat. Und mittags liegt auch schon ein gewisser Geruch über der Hauptstraße, vor allem wenn es heiß ist, was in diesen tropischen Gefilden meistens der Fall ist.
Bleibt die Frage, warum sich die Wanderer ausgerechnet an Weihnachten auf den Weg machen. »Es liegt an der Luftfeuchtigkeit«, sagt der Forscher. »Sie liegt an Weihnachten nahezu bei 100 Prozent und sichert den Krabben ausreichend Flüssigkeit, die sie über die Luft aufnehmen.« Zu einer anderen Zeit würden viele Tiere auf ihrem Weg zu den Eiablageplätzen vertrocknen.
Der britische Kapitän William Mynors entdeckte 1643 die Insel. »Wir haben nach schweren Stürmen und mit 20 Mann kranker Besatzung ein unbekanntes Eiland erreicht, dessen Küste rot von Krabben ist. Da wir heute den Ersten Weihnachtstag schreiben, nannte ich die Insel ›Weihnachtsinsel‹«. Mit diesem Logbucheintrag begann die Geschichtsschreibung über Christmas Island, die seit 1958 politisch zu Australien gehört. Die Inselhauptstadt heißt Flying Fish Cove, hat keine 2000 Einwohner und wird oftmals schlicht als The Settlement bezeichnet. Vom Einzug des Massentourismus ist die kleine Insel bislang verschont geblieben. Zu unregelmäßig und zu teuer sind die Flugverbindungen. Das

gilt übrigens auch für die zweite Christmas-Insel, die es weltweit gibt: Sie liegt im Pazifischen Ozean und gehört zur Republik Kiribati.
Auch die Lord Howe Island Group liegt im Pazifischen Ozean, irgendwo 700 Kilometer östlich von Sydney, weit draußen im Meer mit einer der schönsten, hellblau strahlenden Lagune der Südsee. Seit 1982 ist die Inselgruppe sogar Weltnaturerbe, da sie als außergewöhnliches Beispiel für unterschiedliche natürliche Phänomene gilt, von Vulkanen bis zum südlichsten Riff der Welt. Von den knapp 250 Pflanzenarten sind dort mehr als 100 endemisch. Zur Gruppe zählen neben Lord Howe Island auch die Admiralty Islands, Mutton Bird Islands, die Ball's Pyramid und diverse Korallenriffe. Vor etwa sieben Millionen Jahren aufgrund vulkanischer Aktivitäten entstanden, bietet besonders Lord Howe Island eine spektakuläre Landschaft mit den Zipfelmützenbergen Gower (875 Meter) und Lidgbird (777 Meter). Unterhalb der schroffen Hänge breiten sich Grasland, Regenwald und Palmenhaine aus. Mehr als 100 Vogelarten, darunter auch sehr selten gewordene wie eine kleine Woodhen-Population oder die am südlichsten auf der Welt nistenden Tölpel, finden dort ideale Bedingungen. Krabbenwanderungen sind allerdings unbekannt …

NORFOLK ISLAND

Nochmals 800 Kilometer weiter östlich von Lord Howe Island markiert die Norfolk-Insel das östlichste Stück Australien, ziemlich genau zwischen Neuseeland und Neukaledonien. Die einst unbewohnte Vulkaninsel zeigt sich an vielen Stellen schroff mit unzugänglichen Klippen. Der Grundstamm der Bevölkerung geht zu einem Drittel auf die Nachkommen der Meuterer von der »Bounty« zurück. Knapp 200 von ihnen fanden seit 1856 dort eine neue Heimat, da das 6000 Kilometer entfernte Pitcairn nicht mehr alle Meuterer-Nachfahren ernähren konnte.

Tourist Bureau Norfolk Island
Tel. +61 (0)6 7232 2147,
www.pitcairners.org/visitorinformation.html

WEITERE INFORMATIONEN ZU CHRISTMAS UND LORD HOWE ISLAND

Tourism Australia, Frankfurt/Main:
Tel. (069) 9509 6173,
Fax (069) 2740 0640.
www.ga.gov.au/map/christmas,
www.lordhoweisland.info,
www.tourism.australia.com

Die Tiervielfalt in Australien ist beeindruckend. Sie reicht vom Emu über das Wallaby (hier ein Junges, das aus dem Beutel der Mutter schaut) bis zum kleinen Kookaburra-Vogel.
Rechte Seite: In der Gluthitze des Outbacks setzen den Radfahrern schier unendliche Distanzen und unzählige Fliegen zu.

Register

Gegensätze, die zusammengehören: ein echter Aussie-Bushie mit Tochter im Outback, darunter ein Aborigines-Künstler bei der Arbeit.
Rechte Seite: Die Pinnacles im Nambung National Park gehören zu den kuriosesten Naturwundern des Fünften Kontinents.

Impressum

Unser Gesamtverzeichnis finden Sie unter: www.bruckmann.de
http://www.bruckmann.de

Produktmanagement: Joachim Hellmuth
Produktion: VerlagsService Dr. Helmut Neuberger & Karl Schaumann GmbH, Heimstetten
Umschlag: Zehentner & Partner, Augsburg
Karten: Astrid Fischer-Leitl, München
Herstellung: Bettina Schippel
Repro: Repro Ludwig, Zell am See
Printed and bound in Italy
by Printer Trento

Alle Angaben dieses Bandes wurden von den Autoren sorgfältig recherchiert und vom Verlag auf Stimmigkeit und Aktualität geprüft. Allerdings kann keine Haftung für die Richtigkeit der Informationen übernommen werden.
Für Hinweise und Anregungen sind wir dankbar.

Zuschriften an den:
Bruckmann Verlag,
Produktmanagement,
Postfach 40 02 09,
D-80702 München,
E-Mail: lektorat@bruckmann.de

Umschlagvorderseite:
Oben: Ayers Rock
Mitte: Sydney
Unten: Twelve Apostles
Umschlagrückseite: Hayman Island; beim Melbourne Cup; Kalgoorlie
Seite 1: An der Ostküste
Seite 2/3: Bungles Bungles N.P.
Vordere Klappe: Blue Mountains N.P.
Hintere Klappe: Auf Tasmanien
Vorsatz: Bungles Bungles N.P.
Hintersatz: Barrier Reef

Alle Abbildungen von Holger Leue mit Ausnahme von: Katharina Jäger: S. 6/7, 94 M., 99 l., 104/105, 108 l. u., 109 l. u., 164 u.; Jochen Müssig: S. 55 r. o., 75 r. o., 79 r. o., 89 r. o., 155 r. o.; Oliver Bolch, Wien: S. 120 (2), 121 u., 154 l.u.; dpa: S. 109 r. o., 158 l. o., 159 r. o., 160 l. o., 161 l.; dpa/Okapia: S. 107 r. o.; Picture Alliance/NHPA: S. 158 l. u., 159 r. o.; Picture Alliance/ANT: S. 160 l. u.; Picture Alliance/AAP: S. 161 r. o.; Laif, Köln: S. 119 r. o.; Maritime Museum, Sydney: S. 93 r. o.

Die Deutsche Nationalbibliothek – CIP-Einheitsaufnahme
Ein Titeldatensatz ist bei der Deutschen Nationalbibliothek erhältlich.

ISBN 978-3-7654-4828-7